Ferdinand Kronawetter, Richard v Armingen

Ein Beitrag zur politischen Zeitgeschichte Österreichs (1882)

Ferdinand Kronawetter, Richard v Armingen

Ein Beitrag zur politischen Zeitgeschichte Österreichs (1882)

ISBN/EAN: 9783743380998

Hergestellt in Europa, USA, Kanada, Australien, Japan

Cover: Foto ©ninafisch / pixelio.de

Manufactured and distributed by brebook publishing software (www.brebook.com)

Ferdinand Kronawetter, Richard v Armingen

Ein Beitrag zur politischen Zeitgeschichte Österreichs (1882)

„Hofrath" Kronawetter.

Ein Beitrag zur politischen Zeitgeschichte Oesterreichs.

Herausgegeben von

Richard v. Armingen.

Wien.
In Commission bei Friedrich Otto Sintenis, k. k. Hof-Buchhandlung.
1882.

Menschen und Geschichten darf man nicht so nehmen, wie sie momentan sind, denn wer dies thut, hat Verzicht geleistet auf jede pragmatische Darstellung, auf Philosophie und Kunst; hat jedes menschlichen Vorrechts und Vorzugs Verlust zu beklagen, womit gesagt sein soll: daß ihm der Gebrauch seiner Urtheilskraft abhanden kam, daß er seine Vernunft verleugnet.

Nur ein Fall ist möglich, welcher trotz des vorangesetzten Ausspruches nicht auf den Verlust der Urtheilskraft schließen läßt; es ist das jene Eigenthümlichkeit civilisirter „Auch=Menschen", die gefaßten Meinungen, entgegen der Vernunft und Rechtlichkeit, verdreht wiederzugeben; es ist das jene Eigenthümlichkeit Einzelner, welche mit ihren Aussprüchen subjectiv gehaltener Urtheile in phrasenhafter Wohlgeblümtheit Tausende und aber Tausende von sonst klug und rechtschaffen denkenden Mitbürgern verwirren, indem diese Letzteren annehmen müssen, daß Alles, was schwarz auf weiß aus der Druckerpresse unter den Augen des Gesetzes erscheint, auch dem Gesetze der Wahrheit entsprechen müsse.

Von den heiligsten, unantastbar dastehenden staatlichen Einrichtungen, bis herab zu den kleinsten, intimsten Familiengeheimnissen wurde in der Presse Alles einer systematischen Verunglimpfung mit dem Bewußtsein unterworfen, daß ja gerade Diejenigen, deren Aufgabe es zuerst war, diese Verunstaltungen zu vernichten oder wenigstens nicht dulden zu sollen, daß gerade Diejenigen die Ausbeuter der „Objectivität" gewesen, welche die Verbreitung einer auf Wahrheit gegründeten Anschauung nicht vertragen konnten.

Es ist vielleicht grausam, viele Jahre alte Sünden neuerdings auf's Register der Oeffentlichkeit zu spannen, es mag unversöhnlich, vielleicht gar von Ingrimm und Haß zeigend erscheinen, aber wahr,

und noch einmal wahr bleibt der Satz, der aus der Vergangenheit uns herüberschallt, der Satz, der aus dem Auslande über Oesterreichs Presse gebraucht wurde: „in der Wiener Presse mußte frei Geleit gezahlt werden — la bourse ou la vie"; und was dann noch übrig blieb, der os de jouissance, das mußte das Publicum als Beefsteak bezahlen....
Nur wo Störenfriede die süße Harmonie zwischen Reichsrath und Börse zu beeinträchtigen drohten, wo sich das Princip offener Ehrenhaftigkeit und gewissenhafter Ueberzeugung meldete: da stießen die Jobber-Trompeter die schrillsten Töne heraus! „Was wollen diese Eindringlinge? War Oesterreich nicht in „festen Händen"? War es nicht Eigenthum der parlamentarisch-finanziellen-journalistischen Clique, welche sich die schönsten Pfeifen aus dem Rohre des Nationalvermögens und des Nationalcredits schnitt?"

Mit Hilfe der Presse war der letzte Dienstbote um seine paar ersparten Gulden gekommen, denn der „Krach" ist nur zu bald, vielleicht auch noch zu spät gekommen. Den Jammer und das Elend haben wir genugsam kennen gelernt; aber trotzdem dieses grenzenlose Unheil hereingebrochen, trotzdem nahezu 4000 Millionen in die Luft ihren Weg nahmen, wie steht es heute mit jener „liberalen Macht", mit der sogenannten „öffentlichen Meinung"? Heute, nachdem alle Classen genau darüber belehrt sind, wer sie so recht eigentlich in die Pfütze geführt — heute — immer wieder die schönsten, trughaftesten Phrasen, und heute noch sitzt der Doctor und erste Violinist der Hypothekar-Rentenbank als einer der angesehensten (?) Männer im Rathe des Reiches .... und die liberale Presse, sobald dieser Mann nur spricht, hebt ihn als Helden der Freiheit mit Sturmesbrausen zum Himmel empor!

Die „liberale Presse"? — Und da müssen wir wieder an den zuerst gebrachten Satz zurückkehren.

Man muß dieser liberalen Presse das Eine lassen, — sie hat den „Krach" überdauert, sie steht treu und fest zu jenen alten Kämpen der Verfassungspartei (es ist nur schade, daß man immer und immer wieder an den Wiener Bankverein und an die Maklerbank 2c. denken muß), sie jammert in allen Mollarten ihrer vielgeliebten Tonangeber, sie spricht eine schöne, deutsche Sprache (sagte doch ein russischer Emigrant vor einigen Tagen: „ist doch die deutsche Sprache der jüdischen so ähnlich") und dennoch, dennoch der ewige Jammer über den Verfall der Deutschen in Oesterreich!

Man muß es dieser liberalen Presse ferner noch lassen: sie besitzt Urtheilskraft aber — sie verleugnet ihre Vernunft, denn — sie schaut Dinge und Menschen und Geschichten oft auch in viel zu idealem Maße!

So weit ist es in diesem Punkte gekommen, daß man einen Vertreter Wiens, einen Magistrats-Secretär, über Nacht zum „Hofrath" machte, gerade als würde es sich um die Poussirung irgend einer Actie handeln.

Der arme Kronawetter!

Aber man sieht, diejenige Zeitung hat „Menschen und Geschichten nicht so genommen, wie sie sind", sondern sie hat aus wohlwollender Gutherzigkeit (Kronawetter hat doch nicht den Leitartikel bezahlt?) einen „Demokraten" zum wohlbestallten „k. k. Hofrath" gemacht, und wenn es einmal dasteht mit fetten Lettern: „Hofrath Kronawetter", so muß es ja auch wahr sein — und man weiß, daß Viele zum Dr. Ferd. Kronawetter gingen, ihm zu sagen: „Aber Herr Doctor, das hätten wir wirklich nicht geglaubt!"

Das Gift war ausgespritzt; diesem aus einem über das Steigen einer Creditactie unregelmäßig gewordenen Gehirn entkommenen Artikel wurde nur zu leichter Glaube bewilligt, Dr. Ferd. Kronawetter ist zum „Hofrath" avancirt!

Jubel auf den Bänken der Deutsch-nationalen, hauptsächlich aber erfreuten sich die Sitze der Deutschböhmen einer übergroßen Reibung, auf und ab ging es, bald von da nach dort, bald von dort nach da, Jeder hatte es am Herzen — daß Kronawetter „Hofrath" sei . . . wer sollte ihn, den biedern Demokraten der Wiener Josefstadt, zuerst beglückwünschen? Man faßte im Club keinen Beschluß, am anderen Tage wurde ja auf entlegenem Punkte die ganze Hofrathsgeschichte wieder — für den Unachtsamen natürlich unauffällig — dementirt.

Der Giftpfeil aber saß — darauf noch die schöne Mißtrauensvotirung unter strammer Leitung Dr. Stourzh's und Kitschelt's beim „grünen Thor". — Dr. Kronawetter (Pardon) Hofrath Kronawetter wurde an jenem Abende einstimmig — getödtet. — Dr. Stourzh hat es eben nicht dulden mögen, daß sein Gegner zu so hohen Ehren kommen soll; Kitschelt aber wurde von den „deutschen Herren aus Böhmen" namhaft unterstützt — daß er nicht verzage an seinem, an Dr. Stourzh' so großmüthig übernommenem „Restaurirungsplan"!

Der geheime Säckel des „Preßbureau" der vereinigten Linken ermöglichte es, daß in einem obscuren Winkelblatt allwöchentlich „Pan Kronawetter" bemoppelt werde, was auch Dr. Schmock sich nicht zweimal sagen läßt.

Arm in Arm kämpft Presse und liberale Partei — ein Theil ist hier dem anderen unentbehrlich geworden, gerade so wie es in den Wonnejahren der Gründungen gewesen.

Die großen Leithammel der Residenz ziehen eine große Anzahl kleiner und an Geist junger Lämmlein hinter sich her; oft und jedesmal wenn z. B. der „Warnsdorfer Bote" confiscirt wird, ist die Notiz in allen liberalen Blättern drin — aber wenn so ein Lämmlein sich auf der liberalistischen Futterweide ausgetobt hat und irgend eine klügere Meinung ausspricht, dann — ist es für die Hammeln todt.

So aber geht es mit Allem! Wozu würde auch die Stelle des Leitartikels, wenn ein gewisser N. N. gelobt sein will, mit 1000 Gulden käuflich sein? — —

Man nimmt an, daß in der Einseitigkeit und Rücksichtslosigkeit der Urtheile tiefe Kraft und Impulse liegen können, jedenfalls, wenn sie sich deutlich offenbaren; man nimmt aber auch an, daß im Urtheil der Rücksichtslosigkeit, welches mit Schamlosigkeit verbunden ist, die ganze Männlichkeit untergeht, denn in diesem Falle war sie für 30 Silberlinge käuflich!

So hat man sich denn zusammengethan; der „liberale Rath" hat beschlossen, einen Mann umzubringen — — — das System des Mordes wurde den Bankblättern überlassen.

Und warum mußte d e r Mann umgebracht werden?

Weil er sich dem Terrorismus einzelner Schreier nicht unterordnen wollte, weil er, der „Wilde", einsah, daß es unter der Leitung der deutschböhmischen (und -mährischen) Knapperei niemals gut werden könne; weil er als „guter, echter Deutscher" mit vollem Gemüthe darangehen möchte, den Segen des Friedens und der Eintracht mit allen Nichtdeutschen auf unser „altes Oesterreich" auszustreuen!

„Wir werden einstehen für unser Oesterreich, wie wir es seit den zwanzig Jahren unserer parlamentarischen Wirksamkeit immer gethan," sagte Dr. Herbst, eben darum müssen all' diejenigen widerhaarigen Elemente vernichtet werden, die sich gegen uns empören, denn wir brauchen nur Kampfhähne, nicht aber die Friedensschalmei!

Also wer den Weg der Eintracht, der Ruhe wandelt in den strengen Zeiten der Gegenwart, der ist ein gemeiner Empörer — der als Widersacher „teutscher Größe", „teutschen Geistes" den Tod durch den Strang der „öffentlichen Meinung" erleben muß.

Die liberale Bankenpresse spann und spann, drehte fleißig Tag und Nacht, endlich war der Strick fertig und beim „grünen Thor" im eigenen Bezirke Josefstadt war der Galgen aufgerichtet und — der mittlerweile zum Hofrath avancirte Dr. Kronawetter in effigie zu Tode geführt!

Das ist der Hergang der grandiosen Geschichte.

Aber wer am 17. bildlich todt gemacht wurde, der kann am dritten Tage „wirklich" auferstehen, und das hatte man im Taumel wohl vergessen!

Es waren dem Anscheine nach düstere Wolken, welche das Firmament ober dem Haupte des Vertreters der Josefstadt ungemüthlich machten, es waren aber blos trügerische Wolken, die keine niederschmetternden Elemente in sich bargen und erst als diejenigen herangezogen kamen, mit welchen ein Zusammenstoß unvermeidlich gewesen, entlud sich in der gespannten Atmosphäre ein reinigendes Gewitter, mit Blitz und Hagelschlag. Die hoffnungsreich erwarteten Früchte, welche die hohen Herren der Verschleppungspartei einzuheimsen glaubten, wurden vernichtet; die vielrednerischen alten Weiber „des Liberalismus von der Börs'" fanden, daß ihre Serien und Promessenscheine diesmal abermals nicht gezogen wurden!

Was blieb nun zu thun übrig?

Die leichtkäuflichen Bankblätter erachteten es für opportun, ihr armseliges, abgenütztes Horn der schalen und mageren Witzeleien zu entladen, und siehe da — dem Dr. Kronawetter ist die Ehre widerfahren, in einen Topf geworfen zu werden mit Männern deutscher Gesinnung und liberalster, freiheitlichster Anschauung, Dr. Kronawetter mußte es für ein Glück halten, daß diese sogenannte „öffentliche Meinung" ihn zusammenwürfelte mit Fischhof, Walterskirchen und Wurmbrand.

Der Coup also hat schlecht gezielt, der abgeschossene Giftpfeil ist abgeprallt und traf die Verleumdung und Schamlosigkeit am ganz richtigen Ort.

Was sagen Sie nun, meine Herren, vom deutschböhmischen Liberalismus?

Keine Antwort — aber eine geheime intriguirende Meuchlerei wurde gesponnen am Rocken der Bezirks=Grete Herrn Kitschelt.

Das „deutsche Wien", die hochgepriesene Residenzstadt, die Stadt der Gemüthlichkeit muß solche Dinge erleben, wahrlich, es ist nur der Gemüthlichkeit dieser Stadt zu verdanken, daß die heraufbeschworenen Scandalgeschichten nicht in noch ärgere Excesse umgeschlagen haben.

Für Diejenigen aber, die den ganzen Scandal in der Josefstadt angezettelt hatten und welche die Glut der Verleumdung immer noch schüren, für Diejenigen ist die Offenbarung der Wahrheit furchtbar, denn sie müssen sie scheuen; das Volk aber hat es schon zu wiederholten Malen ausgesprochen, daß es ungerechtfertigte Anschuldigungen derer nicht anzuerkennen gewillt ist, deren Wohlthaten es theilhaftig geworden.

Wer die Gesetze nicht achtet, seien es die Gesetze des Staates, seien es althergebrachte Satzungen der Gesellschaft, seien es Vorschriften der Familie, wer sie nicht achtet, der verdient, daß ihn Jeder auf die sicherste und wirksamste Art angreift, um ihn erröthen zu machen oder, wenn er das Erröthen schon verlernt hätte, ihm Einhalt zu thun, seinen Bestrebungen überzeugungsfeste Gegenwehr zu bieten.

Allerdings ist der Kampf gegen die Uebertreter der natürlichsten oder der staatlich verwickeltsten Gesetze ein immens schwieriger; es ist ein Guerillakampf gegen meuchlerische Banden, welche im Frieden und ohne Gewissensbisse das Volk irrezuleiten beabsichtigen, Banden, welche ihre Herrschaft am Elende des Volkes festgefußt erbauten, aus welchem Elende sie noch Nutzen zogen; aber dieser Kampf ist ein um so gerechtfertigterer, indem er an eine patriotische Handlung anknüpft, eine Partei zu brandmarken, welche dem Einzelnen in der Familie, der Familie in der Gesellschaft und der Gesellschaft im Staate, ja, welche dem Staate selbst unermeßliche Leiden zugebracht. Das ist eine Partei, welche den Centralismus auf die Fahne geschrieben, unter deren Deckmantel aber der herrschsüchtigste Egoismus, der crasseste National=Particularismus sichere Zuflucht gesucht und gefunden haben. Es ist nicht tadelnswerth, es ist kein waghalsiges sträfliches Beginnen, einer solchen „factiösen Opposition" den klaren Spiegel vorzuhalten, es ist nicht tadelnswerth, das Volk öffentlich zu unterstützen, Diejenigen zu fliehen, welche

Glück, Ruhm und inneren Frieden aus einem mächtigen Staate verscheuchten, welche die Gesetze der Natur und der Entwicklung verließen, um die Zwietracht zu schüren, um der nationalen Leidenschaftlichkeit immer mehr und mehr Brandmaterial zuzuführen.

Dr. Ferdinand Kronawetter hat es verstanden, in der Wählerversammlung am 19. April 1882 die gegen ihn gerichteten Anschuldigungen, die häßlichsten Verleumdungen und schamlos verbreiteten Lügen von sich abzuwenden, er ist vom Kothurne des k. k. Hofrathes wiederum herabgestiegen, indem er diese Erfindung als gemeine Intrigue hinstellte.

Er brandmarkte aber auch die ganze große Clique einer unglückseligen Verwüstungsfaction, die anwesend Gewesenen haben sich im Schmerz gewunden, haben gejammert und gebrüllt, damit man ja nicht noch weiter die heiklen Stellen der Streber und Verderber mit brennender Kohle bestreue!

In der grünen Steiermark hat es Walterskirchen gethan, in Wien Kronawetter, bald folgten die Emanationen Fischhof's, man sah ein, es existire schon längst eine Gährung in den niedersten und höchsten Elementen der Bevölkerung, ein Rückschlag gegen die Maßlosigkeit des Scheinliberalismus mußte eintreten, muß sieghaft bestehen, man sieht ein, daß es mit den Brüdern der liberalistischen Deutschböhmen nicht mehr ginge.

Die Bedeutung der Kundgebungen für Kronawetter wäre nicht so tiefen Ernstes, wenn sie nicht im innigsten Zusammenhange stehen würde mit dem Willen des Volkes.

Dieser Wille des Volkes aber besteht darin, den Satz: „Gleiches Recht und gleiche Lasten" endlich einmal aufkommen zu lassen!

Fühlen es die Herren von der Verwaltungsrathsclique noch nicht?

Ja, es ist dringend nothwendig, „tabula rasa" zu machen mit den factiösen Gewalten, es ist dringend nothwendig geworden, immer und zu jeder Zeit die Offenbarungen dieser Fraction in der ihr treuergebenen Presse zu vernichten und die Miasmen zu entfernen, damit endlich einmal ein gesundes, kräftiges Leben aus den Ruinen erblühe, aus den Ruinen, welche uns die zwanzigjährige Herrschaft der hochgeehrten Verwaltungsrathspartei, jetzt unglücklicher Club der „Vereinigten Linken", zurückgelassen hatte.

Diesen einleitenden Zeilen folgt Dr. Kronawetter's am 19. April l. J. beim „grünen Thor" gehaltene Rede, welche deutlich, kräftig und mannhaft alle Verleumdungen schlägt und vernichtet.

An die Herren Stourzh, Kitschelt und Dr. Schmock und Genossen geht die besondere Aufforderung, die hiemit gedruckte Lehre in ihre Herzen einzuprägen, um im Wiederholungsfalle einer größeren Schlappe besser ausweichen zu können!

Die biederen und ehrlichen Wähler Dr. Kronawetter's aber, sowie alle Gesinnungsgenossen mögen erneuert die Worte eines „deutschen" Wieners in Betracht nehmen und sich aus denselben den Schluß ziehen, auf welche Seite hin sich die Wagschale offenen Sinnes und charakterfester Wahrheitsliebe neige; hiebei leite sicher und gerade Schiller's Wort:

„Männer richten nach Gründen."

Rede
des
Reichsrathsabgeordneten Dr. F. Kronawetter,
gehalten vor seinen Wählern am 19. April 1882.

Sehr geehrte Herren! „Männer richten nach Gründen."

Es sind nun neun Jahre verflossen, seit mir zum ersten Male von einer großen Anzahl der Wähler dieses Bezirkes die höchste Ehre erwiesen wurde, welche Bürger ihren Mitbürgern zu erweisen im Stande sind, die Ehre, Sie im gesetzgebenden Körper zu vertreten.

Wenn je ein Mann vollen Grund hatte, auf diese ihm zu Theil gewordene Ehre stolz zu sein, so war ich es, denn meine Mitbürger hatten mich zu diesem eben so ehrenvollen, als schwierigen Amte berufen, ohne daß ich auch nur durch das geringste Zuthun von meiner Seite diese Berufung veranlaßt hätte. Wenn ich das sage, so ist das keine jener beliebten Phrasen, welche so oft von Candidaten um die verschiedensten Vertrauensstellen gebraucht werden; es ist Wahrheit, denn es ist Niemand auf der Welt, der sagen kann, ich oder irgend einer meiner Verwandten oder sonst eine mir nahestehende Person hätten ihn je um seine Stimme für mich angegangen.

Ich fühlte mich durch Ihr Vertrauen um so mehr geehrt, als ich ein ganz unbekannter, junger Mann war, der durch keine Leistungen sich irgendwie das Vertrauen einer so großen Wählerzahl verdient, oder sich im öffentlichen Leben irgendwie bemerkbar gemacht hätte.

Ich bin der Sohn eines schlichten Bürgers, der in Wien geboren war, und Jahrzehnte hindurch als Kleingewerbetreibender in unserem Nachbarbezirke Neubau gewohnt hat, und der noch sehr vielen der Herren bekannt sein dürfte. Vielleicht war es zum großen Theile diese Bekanntschaft unter den Männern des Kleingewerbes, welche mir zur Ehre eines Deputirten geholfen hat.

Damals, meine Herren, wurde auch meinem Vater die Ehre zu Theil, im Kreise der Wählerschaft dieses Bezirkes empfangen zu werden; ihm wurden gleichfalls die Glückwünsche der Wähler entgegengebracht.

Als ich damals mit ihm — er ruht jetzt im Grabe — von jenem herrlichen Feste, welches meine Wähler in diesem Saale zur Feier meiner Wahl veranstaltet hatten, nach Hause ging, als wir allein zusammen waren, hat er Worte zu mir gesprochen, die ich nie vergessen habe und die ich nie vergessen werde, Worte, die mein Leitstern in meinem öffentlichen Wirken, in meinen Handlungen waren und bleiben werden, ob diese nun Billigung finden oder Verurtheilung. Er sagte zu mir: „Du hast durch Dein ganzes Leben gesehen, mit welcher Mühe, mit welcher Noth, in welchem Elende der kleine Mann sich und die Seinigen fortbringen muß; vergiß nie die Leute, aus denen Du hervorgegangen bist. Täusche nie Jene, die Dich gewählt, und Dir ihr Vertrauen geschenkt haben; die Angesehenen und Mächtigen haben immer genug Leute, welche sich ihrer annehmen, wir haben Niemanden; werde nie ein Anderer, als der Du jetzt bist."

Ich bin mit den besten Vorsätzen ins Abgeordnetenhaus gegangen. Mit aller Kraft wollte ich dort meine idealen Grundsätze verwirklichen; streben, ihnen so viel als möglich Geltung und Sieg zu schaffen in den tausendfachen Beziehungen des gesellschaftlichen und staatlichen Lebens. Wohl empfand ich oft bitter das Mißverhältniß zwischen der Größe der zu lösenden Aufgabe und meiner schwachen Kraft; allein insoweit Fleiß und unermüdete Arbeit die mangelnden Talente und Kenntnisse zu ersetzen vermögen, zu leisten, das habe ich mir gelobt, mir und meiner Wählerschaft. Was in meiner schwachen Kraft stand, das habe ich gethan; über seine Kraft hinaus kann natürlich Niemand, was ich aber that, that ich aus voller, innerer Ueberzeugung, nach reiflicher und eingehender Erwägung; nie bin ich blind oder gedankenlos dem Urtheile oder dem Dictate Anderer gefolgt, mein Handeln und Wirken war immer nur der Ausdruck tiefsinnigster Ueberzeugung. Insbesondere hatte ich es mir heilig gelobt, das mir von meinen geehrten Wählern anvertraute Amt nie zur Erlangung persönlicher Vortheile zu mißbrauchen und für Befriedigung meines privaten Wohles, meiner privaten Interessen auszubeuten. Möge auch wer Anderer immer in Zukunft an meiner Stelle stehen, reiner und makelloser wie ich, wird er von dieser Stelle nicht scheiden können. Die Befriedigung privater und selbstsüchtiger Interessen durch Mißbrauch meines Mandats als Deputirter habe ich verabscheut zur Zeit meiner ersten Wahl, sowie heute. Trotzdem sind mir die gemeinsten Verdächtigungen nicht erspart geblieben. Jedermann, der im öffentlichen Leben im Interesse und für das Wohl und die Gesammtheit thätig ist, verletzt die Sonderinteressen Einzelner, und je mächtiger diese in ihren Sonderinteressen verletzten Einzelnen sind, um so mächtiger ist die Verfolgung. Allein ich fordere Jedermann, der je eine solche Beschuldigung gegen mich, sei es einem Wähler gegenüber, sei es sonst in irgend einer Weise erhoben hat, hier öffentlich auf, einzustehen für seine Verleumdung, und mir hier zu sagen, ob ich je bei irgend einer noch so einflußreichen oder einer noch so unbedeutenden Persönlichkeit für mein Interesse oder für meine Verwandten oder Bekannten meine Stelle als Abgeordneter verwerthet hätte.

Ich bin mit Herren im Gemeinderathe seit zwanzig Jahren in sehr intimen Verkehr, aber fragen Sie Jeden, er möge meiner Partei angehören oder nicht. Jeder wird mir das Zeugniß geben, daß ich nie ein Wort mit ihm gesprochen über mich, über meine Carriere, über meine Beförderung.

Für was ich aber immer eingestanden bin, wofür ich mit aller Kraft gearbeitet habe, war **das Wohl des gesammten Volkes**; ihm allein seine Dienste zu widmen, ohne Rücksicht auf jedes Sonderinteresse, das hielt ich für die rechte, ja einzige Pflicht eines jeden Abgeordneten. Leider haben noch immer 90 Percent der österreichischen Bevölkerung trotz alles Gefasels von Liberalismus und Verfassung keine politischen Rechte, und haben nicht die Möglichkeit, ihre Rechte durch von ihnen berufene Vertreter wahrnehmen zu lassen. Ich glaubte, es sei der erhabene Beruf eines Deputirten, auch dieser politisch rechtlosen Bevölkerung nicht zu vergessen, seine Aufgabe sei es, das ganze Volk zu vertreten, das Volk in seiner Totalität, nie aber die Sonderinteressen Einzelner, seien es Sonderinteressen von Individuen oder ganzer Classen zum Nachtheile der Gesammtheit.

Meine erste Frage war daher immer und in jeder Angelegenheit, nicht, was frommt mir oder einem kleineren oder größeren Kreise von speciellen Interessenten, sondern was frommt der Gesammtheit.

Und da ist es vielleicht in keinem anderen Lande wie in Oesterreich, so nothwendig, strenge hauszuhalten mit dem Gute und Blute des Volkes. Was die österreichischen Völker opfern an Gut und Blut, darf nur für Zwecke der Gesammtheit geopfert werden; dem Volke allein, welches einstehen muß mit Leib und Leben, mit Hab und Gut für den Staat, muß auch allein Alles wieder Vortheil bringen, was es für den Staat aufwendet.

Meine Haltung in der Wehrfrage bezweckte, bei unverminderter Kraft des Staates im Kriegsfalle, so wenig als möglich Kosten für den Staat und persönliche Leistungen seiner Bürger zu beanspruchen. Ich war für eine Kriegsstärke von 600.000 Mann, für eine Erweiterung der Landwehr, für die zweijährige Präsenzpflicht aller Bürger, welche die achtclassige Volksschule absolvirt haben, sowie für die möglichste Erleichterung der Einquartirungslast. Wären diese Anträge von Erfolg gewesen, wir hätten 20 bis 25 Millionen Gulden jährlich im Armeebudget erspart. Ich bin auch immer einer unnützen Vergeudung des Blutes meiner Mitbürger entgegengestanden; wenn schon Blut vergossen wird, so darf es nur sein, wenn die Existenz des Staates dieses schwerste aller Opfer von seinen Bürgern unabweislich fordert. Ich war daher immer dagegen, Länder zu annectiren, deren Bevölkerung von einer Annexion an unsere Monarchie nichts wissen will. Rücksichtlich der Annexion von Bosnien und der Hercegowina, die wir mit Tausenden von Soldaten, mit mehr als 160 Millionen Gulden an Geld, und mit dem Ruine von vielleicht hunderttausend wirthschaftlichen Existenzen bezahlt haben, ohne absehen zu können, wann endlich der Opfer setztes gebracht sein wird, war für mich kein problematischer Opportunitätsstandpunkt, sondern einzig und allein das Recht maßgebend. Ich, mit meinen wenigen Collegen der demokratischen Partei allein erklärten, uns stehe das Recht höher als jede Opportunität, es gezieme sich nicht, daß ein Parlament, als Vertreter eines Volkes, die Annexion anderer Völker an die österreichische Monarchie beschließe, ohne diese Völker auch nur zu fragen, ob sie mit uns in einen Verband treten wollen. Wir glaubten, es sei ein Unrecht, diesen Völkern ihre Selbstständigkeit gegen ihren Willen zu nehmen, und abgesehen davon, daß die Opportunität nie höher gehalten werden darf, als das Recht, scheint es uns wenigen Demokraten im Parlament auch nie opportun zu sein, unrecht zu thun. Wir glaubten, die handelspolitischen Interessen der Monarchie hätten sich auch durch einen Zollverein, durch ein Zoll- und Handelsbündniß mit den selbstständigen kleinen Staaten der Balkanhalbinsel nach und nach sicher und ohne alles Blutvergießen, wie ohne jedes finanzielle Opfer ohne Schwierigkeit erreichen lassen, wenn unsere Diplomatie nur halbwegs geschickt operirt; ich habe daher auch gegen die Annexion von Bosnien und der Hercegowina gesprochen und gestimmt. Was an mir lag, versuchte ich daher auch mit dem Blute und dem Gelde meiner Mitbürger zu sparen, ohne darüber deren wirthschaftliches Wohl zu vergessen.

Die gleiche Sorgfalt für die möglichst geringe Belastung der Bevölkerung machte ich mir zur Pflicht bei Behandlung aller Steuerfragen; ich will aber heute in diese Details nicht näher eingehen.

Es wurde mir am vergangenen Montag, soviel ich gelesen habe, hier in diesem Saale der Vorwurf gemacht, ich hätte die Budgets nicht genau studirt. Ich glaube, diesen Vorwurf nicht verdient zu haben, ich habe gleich im ersten Jahre meiner Thätigkeit als Abgeordneter das Budget genau durchgesehen und dabei eine betrübende Wahrnehmung gemacht. Ich habe die Wahrnehmung gemacht, daß mit dem mit den härtesten Steuerexecutionen eingetriebenen Gelde des Volkes nicht in jener scrupulösen und gewissenhaften Weise gebahrt wurde, welche das steuerzahlende Volk zu verlangen berechtigt ist; ich habe eine Wirthschaft gefunden, die unglaublich erscheint, ich habe dagegen gekämpft und von dieser Zeit her und nicht erst von der Zeit des letzten deutschen Parteitages in Wien datirt meine Verfolgung. Ich wurde in der schändlichsten Weise seit einer Reihe von Jahren angegriffen, nicht wegen meines Kosmopolitismus und auch nicht aus deutsch-nationalem Patriotismus, ich wurde angegriffen, weil ich in schonungsloser Weise gegen die Ausbeutung des gesammten steuerzahlenden und wehrpflichtigen Volkes durch die Geldclique auftrat.

Es hat eine Zeit gegeben, und diese Thatsache läßt sich nicht wegleugnen, so bitter wir sie auch beklagen müssen, in welcher Abgeordnete im Eisenbahnausschusse des Reichsrathes saßen und dort Staatsgelder für Bahnen votirten, bei denen sie später als Bauunternehmer oder Verwaltungsräthe betheiligt waren. Daß diese Herren in erster Linie dort ihr eigenes Interesse wahrnahmen und keine Rücksicht darauf nahmen, wie schwer den Millionen ihrer kleinen und kleinsten steuerzahlenden Mitbürger die Gulden herausexecutirt werden müssen, welche der Staat an Eisenbahnsubventionen Jahr für Jahr jetzt zahlen muß, ist bei dem Materialismus unserer jetzigen Zeit leider nur zu begreiflich. Daher erklärt es sich aber auch, daß in keinem Lande der Welt die Eisenbahnen ein so hohes Anlagecapital beanspruchten wie in Oesterreich, es wäre ja sonst nicht möglich gewesen, daß die Herren Gründer in der Regel mit den Prioritäten die Bahnen bauten, und die garantirten Actien unter sich vertheilten. So kommt es, daß die österreichischen Steuerzahler einige zwanzig Millionen jährlich an Subventionen für Bahnen leisten, eine Summe, welche die Höhe der gesammten Gebäudesteuer erreicht, eine Summe, die, wenn sie aus unserem Budget ausfallen könnte, das chronische Deficit verschwinden machen müßte.

Aber, meine Herren, das Alles ist Ihnen wohl bekannt, ich mußte nur heute davon sprechen, um Ihnen den wahren Grund meiner jahrelangen Verfolgung klar zu legen. Sie dürfen ja nur, meine Herren, in's Auge fassen, wer mich verfolgt. Die Gründer bilden Actiengesellschaften, die Actien der verschiedenen Gesellschaften, also auch der verschiedenen Eisenbahngesellschaften, werden von den Banken um möglichst hohe Preise möglichst schnell verkauft. Dazu brauchen die Banken nothwendig Zeitungen, welche dem Publicum die Papiere anpreisen. Jede größere Bank ist daher nicht blos in Oesterreich, sondern auch im Auslande bereits Eigenthümerin eines größeren, weit verbreiteten Journals, und diese Zeitungen müssen natürlich Jeden beschimpfen, der die Bank, welcher die Zeitung gehört, in ihren Geschäften stört, oder von dem sie nur glauben, daß er sie darin stören könnte. Die Interessensolidarität, das „heute mir, morgen dir" bringt es dann mit sich, daß alle diese Bank- und Actiengesellschafts-Zeitungen gleichzeitig auf den losschlagen, der auch nur einer dieser Banken unbequem geworden ist.

Ich habe trotz der heftigsten Anfeindungen mich nicht gebessert, ich habe trotz der vehementesten Angriffe der Börsenpartei und ihrer Journale während der ganzen Dauer meines Abgeordnetenmandates den Steuersäckel meiner Mitbürger gegen die Angriffe dieser Leute zu schützen gesucht, und darum ihre Wuth; darum scheuen sie kein Mittel, auch das unanständigste nicht, um mich, wie sie unter sich sagen, „umzubringen". An ihren Geldsack durfte ich nicht greifen, hätte ich das unterlassen, man hätte mir Alles verziehen, man hätte über meine radicalen Alluren so gelacht, wie über meine kosmopolitische Richtung, all' das hätte man mir gerne verziehen; hätte ich mich aber auch in allen anderen Dingen als Stimmvieh gebrauchen lassen, und wäre ich durch Dick und Dünn mit der sogenannten Verfassungspartei immer gegangen, ich wäre doch beschimpft worden, wenn ich meine Opposition gegen die Ausbeutung des Staates durch Actiengesellschaften, also durch die haute finance nicht aufgegeben hätte.

So viel über meine Haltung in Finanzfragen. Ich gehe mit großer Schnelligkeit über diese Dinge, die mir Anlaß zu weitläufigen Expositionen geben könnten, weg, um den Herren Wählern noch ausreichende Gelegenheit zu geben, sich über mein Gebahren eingehend auszusprechen.

Außer den wirthschaftlichen Fragen muß ich aber doch auch der freiheitlichen Fragen mit einigen Worten gedenken. Eine Kritik über den Geist, von welchem die Regierung sich bei der gesammten Verwaltung der Staatsangelegenheit leiten läßt, ist **nur einmal im Jahre** den Abgeordneten möglich, es ist das bei den Verhandlungen über das Budget.

Unter dem Bürgerministerium wurden unsere Staatsgrundgesetze geschaffen; sie wurden, wenigstens ihrem Wortlaute nach, nicht für gewisse Kasten und Classen geschaffen, sie sollten das Palladium der Freiheit für alle österreichischen Staatsbürger bilden, ohne Rücksicht auf deren mehr oder weniger großen Besitz an Geld und Gut, ohne Rücksicht auf deren Nationalität. Das Recht der freien Meinungsäußerung in Wort und Schrift, der Schutz des Brief- und Schriftengeheimnisses, des Hausrechtes, das Recht Vereine und Versammlungen zu bilden, die Gewissensfreiheit u. s. w., alle diese Rechte eines jeden Staatsbürgers sollen von jeder Regierung, was immer für eine Richtung sie sonst einschlage, heilig gehalten werden. Diese Rechte der Bürger sollten eine unübersteigbare Schranke für die Action jeder Regierung sein. So oft mir die Möglichkeit gegeben war, die Actionen einer Regierung auf ihre Achtung, auf ihren Respect vor den den Bürgern durch die Staatsgrundgesetze gewährleisteten Grundrechte hin zu prüfen, habe ich es gethan; vornehmlich habe ich keine Budgetberathung vorübergehen lassen, in welcher ich nicht die von mir leider nur zu oft wahrgenommenen Verletzungen dieser staatsbürgerlichen Grundrechte ohne alle Scheu und mit aller Energie gerügt hätte. Wenn ich fand, daß unsere Verwaltung nicht von jenem Geiste durchdrungen war, der die freisinnigen, constitutionellen Staaten charakterisirt, so habe ich dagegen laute Einsprache erhoben, ohne mich zu kümmern, ob die in ihren constitutionellen Rechten Verletzten zufällig auch das politische Wahlrecht haben oder nicht. Dinge, die Unrecht sind, bleiben Unrecht, ob sie nun einem Clerical-Feudalen, einem Vollbürger oder einem Socialdemokraten zugefügt werden, und der Abgeordnete, welcher sich als den Vertreter der Gesammtbevölkerung weiß, hat dieses Unrecht in jedem Falle zu rügen, in dem es begangen wurde. Ich habe mich daher für verpflichtet gehalten, so viel in meiner Kraft stand, auch jene meiner Mitbürger gegen dieses Unrecht zu schützen, welche ihr Gut und ihr Blut ebenso für das Vaterland opfern müssen, wie wir, denen es aber heute leider noch nicht möglich ist, durch von ihnen selbst gewählte Vertreter an der Gesetzgebung und Verwaltung des Staates Antheil zu nehmen, mögen ihnen auch die Kreuzer, welche sie an Steuern leisten, schwerer fallen, wie uns die Gulden.

Ich habe mich aber damit nicht begnügt; ich habe getrachtet, diesem politisch rechtlosen Theile unserer Mitbürger zur Erlangung des Wahlrechtes für die Reichsvertretung zu verhelfen, ich habe daher einen auf Einführung des allgemeinen, gleichen, directen Wahlrechtes abzielenden Antrag mit unterzeichnet; ich habe übrigens das nicht erst jetzt gethan, sondern so lange ich im Parlamente bin, bei jeder Gelegenheit für das allgemeine, gleiche, directe Wahlrecht gesprochen. Wenn ich das that, so dürfen mir meine Herren Wähler daraus keinen Vorwurf machen, denn die Herren, welche im Jahre 1873 und 1879 mich durch Zuwendung ihrer Stimmen geehrt haben, werden sich gewiß daran erinnern, daß ich immer, in meinen Candidatenreden sowohl, sowie in meinen sonstigen öffentlichen Enunciationen, mich als einen Demokraten erklärte; jene Herren, welche an dieser meiner demokratischen Gesinnung Anstoß nehmen, hätten mir ja ihre Stimme nicht zu geben gebraucht; ich war bereits lange vor meiner Wahl Demokrat, ich war es schon in jenen Lebensjahren, in denen ich zu selbstbewußten klaren Anschauungen über derlei Dinge gekommen bin, ich bin es nicht erst als Deputirter geworden. Ich werde für diese meine Ueberzeugung auch einstehen, und das, was ich für gerecht und gut halte, auch zu verwirklichen trachten, so lange ich nicht durch Gegengründe meines Irrthums überwiesen würde; das war bis nun nicht der Fall und wird auch in Zukunft nicht der Fall sein können, denn ein Mann in meinen Jahren wird über solche Dinge wohl kaum mehr eine andere Ueberzeugung gewinnen können, als jene, zu der er seit seiner frühesten Jugend durch Erziehung, Studium und Lebenserfahrung gekommen ist. Was also freiheitliche Fragen betrifft, so stehe ich noch immer auf jenem Standpunkte, den ich im Jahre 1873 vor Ihnen, meine Herren Wähler, entwickelte, ich vertrete die Grundsätze der Demokratie heute noch mit derselben Begeisterung, wie damals.

Neben den freiheitlichen Fragen im engsten Sinne des Wortes sind es noch Fragen der Bildung, der Erziehung, des Unterrichtes gewesen, die oft im Parlamente Gegenstand der lebhaftesten Discussion waren. Ich bin in allen diesen Fragen immer mit der freisinnigsten Partei gegangen; ich war immer für die uneingeschränkte achtjährige Schulpflicht, ich habe, um den Kampf gegen dieselbe zu paralysiren, bei Berathung des Wehrgesetzes für die zweijährige Präsenzpflicht bei Absolvirung der achtclassigen Volksschule gestimmt und einen Antrag auf das Recht zum Eintritte als einjähriger Freiwilliger für solche Abiturienten der Volksschule eingebracht.

Es haben mich auch einige Herren Docenten an Mittelschulen aus diesem Bezirke mit einem Besuche beehrt und mich auf verschiedene Uebelstände und Härten in der Behandlung des Lehrpersonales der

Mittelschulen aufmerksam gemacht, welche sie in einer Petition dem Abgeordnetenhause zur Kenntniß brachten. Bezüglich eines Punktes dieser Beschwerden war ich so glücklich, für die Petenten einen, wenn auch nur kleinen Erfolg zu erzielen. Ueber meinen bei einer Budgetberathung gestellten Antrag wurde die Regierung vom Abgeordnetenhause aufgefordert, eine Gesetzesvorlage einzubringen, wornach den Professoren an Mittelschulen die Zeit, welche sie als Supplenten zubringen, in ihre active Dienstzeit eingerechnet werden soll. Die Regierung hat dieser Aufforderung entsprochen, und heute besteht bereits ein diesbezügliches Gesetz.

Sie sehen, meine Herren, soweit meine schwachen Kräfte reichten, habe ich auch dazu beigetragen, daß jenen Männern, denen die Heranbildung unserer Jugend anvertraut ist, jene Entlohnung zu Theil werde, auf welche sie einen gerechten Anspruch haben; Sie sehen aber auch, meine Herren, wie ungerecht der mir gemachte Vorwurf ist, daß ich mich ausschließlich nur als den Vertreter eines einzigen Standes, des vierten Standes, betrachte.

Es sind im Parlamente noch andere bedeutende Fragen zur Sprache gekommen, sociale Fragen und nationale Fragen. (Rufe: Aha, Aha!)

Ich höre wohl „Aha!" rufen, allein ich halte mich für verpflichtet, auch über meine Haltung in diesen Fragen aufrichtig und unumwunden Ihnen Rechenschaft zu geben. Meine Pflicht und Schuldigkeit ist es, Ihnen zu sagen, wie ich über diese Fragen denke, und damit zu rechtfertigen, wie ich gehandelt habe.

(Große Unruhe; Rufe: Das wollen wir hören.) Sie sehen ja, meine Herren, daß ich nicht die Absicht habe, der Behandlung dieser Fragen auszuweichen, hätte ich sie, so hätte mir das reiche Material der von mir soeben behandelten Gegenständen genug Gelegenheit gegeben, noch länger dabei zu verweilen, ich hätte ja viel mehr Worte und Zeit auf mein soeben gehaltenes Exposé verwenden können.

Ich gehe zunächst auf meine Haltung in der socialen Frage ein. Es wurden mir hier in diesem Saale am verflossenen Montag schwere Vorwürfe in dieser Beziehung gemacht. Es wurde gesagt: „Herr Dr. Kronawetter als Reichsrathsabgeordneter des Bezirkes Josefstadt in Wien, aus einem Kreise von Wählern hervorgegangen, in welchem alle gesellschaftlichen Classen, zumeist aber der Bürger- und Gewerbestand vertreten sind, hat überhaupt stets und mit besonderer Vorliebe durch sein Auftreten im Parlament und außerhalb desselben, insbesonders jedoch durch die in der allgemeinen Arbeiterversammlung beim Zobel am 25. März 1882 gehaltene Rede sich lediglich als Anwalt und Vertreter eines einzigen Standes — des Arbeiterstandes — hingestellt, auf denselben in provocatorischer Weise einzuwirken gesucht, und den Gegensatz zwischen den Interessen der Arbeiter und jenen der übrigen Stände als einen unversöhnlichen erklärt."

Meine Herren! Nur nebenbei will ich erwähnen, daß es unrichtig ist, wenn gesagt wird, ich sei aus einem Kreise von Wählern hervorgegangen, in welchem alle gesellschaftlichen Classen vertreten sind. Jene Herren, denen das statistische Werk von Neumann-Spallart über die österreichischen Reichsrathswahlen im Jahre 1879 bekannt ist, werden wohl genau wissen, aus welchen gesellschaftlichen Classen die Reichsrathswähler genommen werden, und wie äußerst ungleich das Wahlrecht auf diese wenigen zur Wahl überhaupt berufenen Classen vertheilt ist. Sie werden finden, daß die Arbeiter und die Gewerbsleute und Beamten, welche unter zehn Gulden an directer Steuer zahlen, kein Wahlrecht haben, ja, daß die nicht wahlberechtigte Bevölkerung neunzig Percent der gesammten Bevölkerung ausmacht. Nun, ich frage, rechnen die Herren, welche am verflossenen Montag hier versammelt waren, diese neunzig Percent nicht wahlberechtigte Bevölkerung nicht auch unter die gesellschaftlichen Classen? Den Namen „gesellschaftliche Classen" verdienen diese Leute ja doch, warum sollten denn nur die Wahlberechtigten allein „gesellschaftliche Classen" sein? Es ist daher die Behauptung unrichtig, ich sei „aus einem Kreise von W ä h l e r n hervorgegangen, in welchem a l l e gesellschaftlichen Classen vertreten sind".

Es wird mir, meine Herren, ein Vorwurf daraus gemacht, daß ich mitunter in Arbeiterversammlungen gegangen bin. Ich acceptire diesen Vorwurf, wenn er überhaupt ein Vorwurf sein kann, ganz unbedingt. Ich bin nicht blos in Arbeiterversammlungen gegangen, sondern habe auch noch die Absicht, in Zukunft dorthin zu gehen. Meine Herren, ich halte das auch für keine Schande. Leute, die viel höher stehen, wie ich, thaten das auch; ich weiß, daß englische Minister in Arbeiterversammlungen gegangen sind, und Niemand hat geglaubt, sie hätten dadurch die Würde ihres Amtes oder das Ansehen ihrer Wählerkreise verletzt. Ich erinnere daran, daß, als im vorigen Jahre in Schottland Strikes unter den Kohlenarbeitern ausgebrochen waren, Mitglieder des Parlamentes London verließen, sich in die Kohlendistricte Schottlands begaben und es nicht unter ihrer Würde fanden, mit den Arbeitern über die Bedingungen zu verhandeln, unter denen die Strikes eingestellt werden sollen. Ich erinnere Sie, meine Herren, an den katholischen Bischof Ketteler von Mainz, einen Mann, dessen Name mit Hochachtung von Allen ausgesprochen wird, die sein Wirken kennen. Auch er ist zu wiederholten Malen nicht blos in Arbeiterversammlungen gegangen, sondern hat auch dort gesprochen, und Niemand hat ihm daraus einen Vorwurf gemacht. Wenn ich in Arbeiterversammlungen war, so war ich in Gesellschaft ehrlicher, redlicher Männer, die ihr Gut und Blut für die Gesammtheit opfern müssen, und nicht in der Gesellschaft von Gründern und Schwindlern, die die Gesammtheit ausbeuten. Außer mir gehen aber noch andere österreichische Abgeordnete in Arbeiterversammlungen, so z. B. Friedrich Sueß, und besonders mein College aus dem VII. Bezirke, Wiesenburg, mit dem ich nicht selten aus solchen Versammlungen nach Hause ging;

College Steudel hat schon Arbeiterversammlungen als Präsident geleitet, und Niemand hat darin etwas Anstößiges gefunden, Niemand hat ihm daraus einen Vorwurf gemacht. Daß also auch ich in Arbeiterversammlungen ging, halte ich für nichts Unrechtes, was ich aber vor Ihnen zu verantworten habe, ist das, was ich dort gethan oder gesprochen habe, und dies, meine Herren, will und werde ich auch zu jeder Zeit und vor Jedermann vertreten.

Es ist nun zunächst unrichtig, daß ich, wie Zeitungsnachrichten zufolge am verflossenen Montag hier behauptet wurde, mich an die Arbeiter herangedrängt hätte, daß ich mich in die Arbeiterversammlungen eingedrängt hätte. Ich habe das nie gethan, ich weiß auch nicht, warum meine Gegner mir das zumuthen? Warum hätte ich mich in die Versammlungen der Arbeiter eindrängen sollen? Was hätte ich dadurch erreichen können? Hofrath kann ich ja durch die Arbeiter nicht werden, denn diese haben keine Hofrathsstellen zu vergeben (Heiterkeit, Applaus); Geld kann ich von ihnen auch nicht bekommen, denn sie haben selbst keines, nicht einmal wählen können sie mich, weil sie kein Wahlrecht haben. Was habe ich dort gethan? (Eine Stimme: „Gehetzt.")

Ich bitte, das auch zu beweisen, ich erkläre diese Behauptung für unwahr. Ich wurde zu den Arbeiterversammlungen, welche ich besuchte, immer eingeladen, ich kann mich nicht erinnern, daß ich je aus eigener Initiative hingegangen wäre und dort gesprochen hätte, um mich bemerkbar zu machen und den Leuten aufzudrängen; ich wurde immer von den Arbeitern selbst entweder durch Deputationen oder durch Briefe ersucht, in ihren Versammlungen populär-wissenschaftliche Vorträge zu halten; solchen Einladungen habe ich allerdings immer entsprochen, so oft es mir möglich war, und werde, wie gesagt, das in Zukunft wieder thun. Wenn man mir aber vorwirft, ich hätte „gehetzt"; ich hätte, insbesonders in der Arbeiterversammlung beim Zobel am 25. März 1882, „auf den Arbeiterstand in provocatorischer Weise einzuwirken gesucht, und den Gegensatz zwischen den Interessen der Arbeiter und jener der übrigen Stände als einen unversöhnlichen erklärt", so fordere ich jene Herren, welche das am verflossenen Montag hier aussprachen und sodann in einer Druckschrift der Wählerschaft zuschickten, auf, mir Angesichts der gesammten hier versammelten Wählerschaft das auch zu beweisen; ich ersuche Sie, der Wählerschaft hier vor mir bekannt zu geben, welche Worte ich dort gesprochen, und wo und wann ich je in einer Arbeiterversammlung, sei es in der am 25. März beim Zobel, oder sonst irgend wann und wo, auf die Arbeiter in provocatorischer Weise eingewirkt, oder den Gegensatz zwischen Arbeitgeber und Arbeitnehmer als einen unversöhnlichen hingestellt hätte? Ich berufe mich zum Beweise des Gegentheiles auf das Protokoll über die Sitzung des Abgeordnetenhauses vom 28. Jänner 1881, in welcher über den Antrag Schönerer's auf Einführung des allgemeinen Stimmrechtes verhandelt wurde. Ich habe in der Debatte das Wort ergriffen, und meine volle Zustimmung zu dem Antrage in folgender Weise begründet Ich sagte: „Die zweite Partei unter den Arbeitern, und dieser gehört, wie ich glaube, der weitaus größere Theil der arbeitenden Bevölkerung an, hofft noch etwas von Reformen auf gesetzlichem Wege. Ich glaube, das Abgeordnetenhaus, wie jeder Vertretungskörper, sollte alles Denkbare thun, um die Lehren jener Intransigenten der Pyat'schen Richtung so viel als möglich zu widerlegen, durch seine Handlungen, es sollte Alles thun, daß dieser Glaube, daß diese Hoffnung auf eine Reform im gesetzlichen Wege in dem großen Theile der Bevölkerung nicht verloren gehe."

Meine Herren! Wer so spricht, ist das ein Provocateur? (Rufe: Nein! Niemals!) Ich erwarte also, daß jene Herren, welche mir solche Vorwürfe hinter meinem Rücken machten, nicht aus vergilbten Blättern mir feindlich gesinnter Journale, sondern durch standhafte Beweise mir hier vor der Wählerschaft nachweisen werden, wo, wann und in welcher Weise ich je in provocatorischer Weise auf die Arbeiter eingewirkt hätte. Ich erkläre Ihnen übrigens als Ehrenmann, daß ich speciell am 25. März d. J. in meiner Rede an die Arbeiter den Gegensatz zwischen Bürgerthum und Arbeiterschaft nicht als einen mit Nothwendigkeit unversöhnlichen hingestellt habe. Es waren damals tausende von Männern anwesend, welche meine Worte hörten, diese Alle könnten mich der Lüge zeihen, wenn ich heute zu Ihnen, meine Herren, die Unwahrheit gesprochen hätte. Und nun wagten es Leute, welche in dieser Versammlung gar nicht anwesend waren, hinter meinem Rücken der Wählerschaft der Josefstadt derlei zu sagen!

Meine Herren! Kleinlich, engherzig ist der Standpunkt jener Leute, welche einem Abgeordneten, dessen Aufgabe es doch ist, ein Vertreter des gesammten Volkes zu sein, einen Vorwurf daraus machen, daß er sich in allen Classen der Bevölkerung bewegt. Ich habe das, so weit es mir möglich ist, gethan, und darum ist es unwahr, wenn man mir vorwirft, ich hätte mich „ledig als Anwalt und Vertreter eines einzigen Standes, des Arbeiterstandes," hingestellt. Wenn immer ich Gelegenheit hatte, unter irgend einer Classe von Staatsbürgern mich zu bewegen und deren Bedürfnisse wahrzunehmen, da war mir, so lange ich Abgeordneter bin, keine Stunde des Tages oder der Nacht zu frühe oder zu spät; ich war immer bestrebt, mich durch Wahrnehmung der thatsächlichen Verhältnisse zu belehren und die Bedürfnisse der Bevölkerung kennen zu lernen.

Als die erste Vorlage zu einer Aenderung der Gewerbeordnung von der Regierung eingebracht wurde, haben die Vorstände der verschiedenen Gewerbegenossenschaften Wiens für jeden Sonntag Vormittags Abgeordnete in den Saal des niederösterreichischen Gewerbevereines geladen, um mit ihnen die Grundlagen zu besprechen, auf denen eine zum Wohle der Gewerbetreibenden dienende Gewerbeordnung beruhen soll; ich glaube, es war nicht ein einziges Mal, daß ich bei diesen Berathungen gefehlt hätte. Fragen Sie Herrn Streblow, den Vorstand der Wiener Buchbindergenossenschaft, der die Besprechungen als Obmann leitete, und die übrigen Vorstände der Wiener Genossenschaften, ob ich die Wahrheit spreche. Sie sehen, meine Herren, daß ich nicht blos zu den Arbeitern gegangen bin, sondern auch zu den Arbeitgebern, wenn ich berufen wurde; ich wiederhole es, ich betrachtete es als meine Pflicht, die Interessen und die Verhältnisse eines jeden Theiles der Bevölkerung unmittelbar wahrzunehmen, wo immer sich mir dazu die Gelegenheit bot, weil ich mir der Aufgabe bewußt bin, ein Vertreter des gesammten Volkes zu sein.

Meine Herren Gegner sagen und lassen, was sie über mich sagen, auch gedruckt den Wählern zukommen, sie sagen, sie hätten „meine Thätigkeit mit Aufmerksamkeit verfolgt"; meine Thätigkeit mußte ihnen daher genau bekannt sein, es war somit ihre Pflicht, die Wähler, welche sie aufforderten, über meine Thätigkeit eine Mißbilligung auszusprechen, über meine gesammte Thätigkeit in wahrheitsgetreuer Weise zu unterrichten. Die Herren nun, welche meine Thätigkeit mit Aufmerksamkeit verfolgten, haben nun, ich weiß nicht aus welchem Grunde, meinen Wählern sorgsam verschwiegen, daß ich mich auch in anderen Bevölkerungskreisen bewegte, als unter der Arbeiterschaft. Jene Herren, welche mir „mit Aufmerksamkeit" nachgeschlichen sind, um zu controliren, wo ich hingehe, hätten die Ehrenpflicht gehabt, die volle Wahrheit alles Dessen vor Ihnen, meine Herren Wähler, zu bezeugen, was sie über mich entdeckt haben. Sie hätten Ihnen z. B. auch sagen können, daß ich oft und gerne die Versammlungen jener Geschäftsleute besuchte, welche den nach dem Schulze-Delitzsch'schen System in's Leben gerufenen Erwerbs- und Wirthschaftsgenossenschaften als Begründer oder Mitglieder angehören. Eine solche Genossenschaft, der Spar- und Vorschußverein „Ameise", besteht auch in der Josefstadt.

Diese Erwerbs- und Wirthschaftsgenossenschaften haben zur Wahrnehmung und Besprechung ihrer gemeinsamen Interessen einen besonderen Verein gegründet, den sogenannten „Genossenschaftlichen Club," welchem Herr Fabrikant Härsler vom VII. Bezirke als Obmann und Herr Dr. Hermann Zitter als Genossenschafts-Anwalt vorstehen. Dieser genossenschaftliche Club hat mir sehr oft die Ehre erwiesen, mich zu seinen Berathungen einzuladen; ich bin sehr fleißig hingegangen und habe die mir gebotene Gelegenheit benützt, mich über das Genossenschaftswesen des Schulze-Delitzsch'schen Systems eingehend zu belehren und im unmittelbaren Verkehre mit den Genossenschaften ihre Bedürfnisse kennen zu lernen, sowie die Beseitigung der Uebelstände nothwendig ist, um eine gedeihlichere Wirksamkeit dieser Genossenschaften zu ermöglichen. Mit Ausnahme der Zeit vielleicht seit Jänner des heurigen Jahres, in welcher ich mit fast erdrückend vielen Bureaugeschäften belastet bin, werden mir auch die Herren vom genossenschaftlichen Club das Zeugniß geben, daß ich ihren Einladungen immer gerne und willig gefolgt bin, und besonders jenen ihrer Verhandlungen, welche der

Besteuerung der Genossenschaften gewidmet waren, nie gefehlt habe. Besonders die äußerst drückende Art der Bemessung und Eintreibung der Erwerbs- und Einkommensteuer hatte nicht wenige dieser Genossenschaften zur Auflösung gezwungen. Es wurde mir dort dringend an's Herz gelegt, für eine Erleichterung in der Besteuerung der Erwerbs- und Wirthschaftsgenossenschaften zu arbeiten, weil sie beim Fortbestande der jetzigen Besteuerung sich auflösen müßten. Ich wurde auch in jenen Ausschuß gewählt, welcher sich mit der Reform der Besteuerung der Genossenschaften zu beschäftigen hatte; und nur, weil ich mir durch den regen Verkehr mit den Herren vom „Genossenschaftlichen Club" die nothwendige Kenntniß der Sachlage verschafft habe, die mir früher abgegangen ist — ich gestehe das offen ein — war ich im Stande, auf diesem Gebiete etwas, wie ich glaube, Ersprießliches zu wirken. Wenn auch der von mir und Dr. Roser gestellte Antrag auf die volle Steuerfreiheit jener Genossenschaften, die nur mit ihren eigenen Mitgliedern verkehren, nicht durchgedrungen ist, so wurde wenigstens die Erwerbsteuerfreiheit für diese Unternehmungen erwirkt, so daß sie jetzt nur mehr der Einkommensteuer unterliegen.

Der diesbezügliche Antrag wurde im Ausschuß von mir, und zwar im Gegensatze zur Regierungsvorlage, gestellt und ist derzeit **bereits Gesetz geworden**.

Sie sehen also, meine Herren, daß ich mich nicht blos, wie man zu sagen beliebte, „in Arbeiterversammlungen eingedrängt habe," sondern wo ich von Bürgern, Kleingewerbetreibenden und Geschäftsleuten gerufen wurde, habe ich nie gefehlt und keine Gelegenheit versäumt, mich über die Bedürfnisse aller Classen der Bevölkerung zu belehren, soweit es mir möglich war. Von jenen Herren aber, welche behaupten, sie hätten meine Thätigkeit mit Aufmerksamkeit verfolgt und die sich herausnehmen, sie vor der Wählerschaft zu kritisiren, kann ich mit Recht verlangen, ja es ist **ihre Verpflichtung**, daß sie meine **ganze** Thätigkeit wahrheitsgetreu vor der Wählerschaft schildern. (Lebhafter Beifall.)

Meine Herren! Ich übergehe den weiteren Vorwurf, der mir von meinen Gegnern in der Ihnen allen mitgetheilten Druckschrift gemacht wird, daß ich die Interessen **meiner Wähler** nicht vertreten hätte. Ich gedenke darüber mit **meinen Wählern** mich auseinander zu setzen, wenn diese einmal mir diesen Vorwurf machen sollten, was sie aber bis jetzt nicht gethan haben. Ob ich aber nicht nach Kräften das wirthschaftliche Wohl aller jener Wähler, welche dem Gewerbestande angehören, gewahrt habe, darüber werden diejenigen Herren unter Ihnen, welche dem Vereine „Ameise" angehören und die Steuererleichterungen genießen, ein gerechteres Urtheil fällen, als meine Herren Gegner.

Aber, meine Herren, der Abgeordnete der Josefstadt hat noch ein anderes schweres Verbrechen begangen. „Der Herr Abgeordnete der Josefstadt hat," wie in der oft erwähnten Druckschrift meiner Gegner zu lesen ist, „während 4000 Vertrauensmänner des deutschen Volkes aus ganz Oesterreich in unserer Stadt zu einer Berathung über die gegenwärtige ernste Lage der Deutschen zusammentraten, es für passender erachtet, als deutscher Abgeordneter einer gleichzeitig tagenden, offenbar als Gegendemonstration inscenirten **deutsch=feindlichen** Volksversammlung beizuwohnen."

Meine Herren! Ich war bei der Volksversammlung beim Schwender anwesend. Ich bin ein **freier** Mann und kann auch, obwohl ich Deputirter bin, hingehen, wo ich hingehen will. (Lebhafter Beifall.)

Ich habe die Reden, welche in dieser Volksversammlung gehalten wurden, angehört, wie Tausende anderer Leute sie auch angehört haben. **Deutsch=feindlich** aber war in all' diesen Reden nicht **ein** Ton. Die Nationalitätenhetze, besonders die künstlich gemachte, für verschiedene Parteiinteressen präparirte, wurde dort energisch verdammt.

Man wirft mir vor, ich sei nicht zum deutschen Parteitag gegangen. Ja, ich bin nicht hingegangen; ich bin aber auch nicht **eingeladen** worden, hinzugehen. Kann man mir einen Vorwurf daraus machen, wenn ich in eine Privatversammlung nicht gehe, zu der ich nicht geladen wurde? Ich werde doch nicht riskiren, mich vielleicht vom Portier zurückweisen zu lassen? (Heiterkeit.) Warum man mich nicht eingeladen hat? — Ich weiß es nicht. (Rufe: Wir wissen's.) Nun, meine Herren, wenn Sie das so gut wissen, so machen Sie mir auch keinen Vorwurf daraus, daß ich nicht dort war.

Uebrigens gibt es auch Männer, an deren echt deutsch=nationaler Gesinnung auch meine Herren Gegner nicht zweifeln werden, und die diesem Parteitage ferne blieben, ohne in diesem Fernbleiben einen Verrath an der deutschen Nation zu erblicken.

Ein Mann, von dem Sie es gewiß gelten lassen werden, daß er mit Leib und Seele ein Deutsch=Nationaler ist und die Interessen der Deutschen energischer wahrzunehmen versteht, als alle meine Herren Gegner zusammen — der ist auch nicht auf dem deutschen Parteitage gewesen. Und warum war er nicht dort? — Ich komme da auf ein Thema, welches mit der deutsch=nationalen Frage enge zusammenhängt. Nicht Alle, welche das Deutschthum lärmend im Munde führen, sind im Innersten ihres Herzens auch echt deutsch=national gesinnt. **Schönerer** war zum deutschen Parteitage geladen. Er ist **nicht** hingegangen und ich glaube die Ursache seines Fernbleibens in einer Stelle jener Rede finden zu können, die er zur Begründung seines Antrages auf Einführung des allgemeinen, gleichen und directen Wahlrechtes gehalten hat. Er hat dort ganz offen erklärt: „Es zeigt sich daher die Behauptung, daß die jetzige complicirte Wahlordnung zu Gunsten des Deutschthums wirken müsse, als eine sehr gewagte und ist daher das Rütteln an diesem Systeme weniger ein Attentat auf das Deutschthum, als vielmehr ein gerechter Angriff auf die Mißbräuche, die durch dieses Wahlgesetz zur Regel geworden sind. Ich aber erlaube mir, als guter Deutscher zu erklären, daß der wirklich ehrlich und deutsch fühlende

Theil des Volkes überhaupt nicht länger Lust hat, sich als Sündenbock für die Herrschbegierde einzelner bevorrechteter Classen mißbrauchen zu lassen, und daß das deutsche Volk fürder nicht dulden wird, daß seine Nationalität als Deckmantel und Vorwand für Ungerechtigkeit und Vergewaltigung mißbraucht wird."

Das sind die Worte eines Ultra-Deutsch-Nationalen, dem sie nicht wie mir, kosmopolitische Alluren vorwerfen können. Er ging nicht in den Sofiensaal, weil dort die Vertreter dieser „einzelnen bevorrechteten Classen" allein das große Wort führen durften. Allein die Vertreter dieser bevorrechteten Classen gebrauchen nur den Namen des „deutschen Volkes" als bequemen Aushängeschild für ganz andere Dinge; nicht Alles, was sich als Deutsch gerirt und jetzt in Deutschthum macht, ist auch im Innern und in der Wahrheit deutsch-national gesinnt. Es gibt da eine Finanzcoterie, die um jeden Preis wieder an's Staatsruder will und unter der Firma des „Deutschthums" diesen Zweck am schnellsten zu erreichen glaubt, weil sie hofft, auf diesem Wege die große, über ihr eigentliches Streben nicht genauer informirte deutsche Bevölkerung zu ködern.

Schönerer und die Jungdeutschen wollen diese Leute, deren Treiben sie nur zu genau kennen, von der deutschen Partei ferne halten; er charakterisirt sie in dieser Rede mit folgenden Worten: „Da muß man denn doch aufrichtig und objectiv fragen, ob denn die Herrschaft der Verfassungspartei gleichbedeutend sei mit einem wirklich deutschen Regime, und ob sie gleichbedeutend sei mit einer Herrschaft der Deutschen.

Mir erscheint nun, daß diese Behauptung ein Irrthum ist und eine Ironie. Ein Irrthum und eine Ironie deshalb, weil bekanntlich unter der Herrschaft der Verfassungspartei der erhabene Name der deutschen Nation in Zusammenhang gebracht wurde mit Ungerechtigkeit, mit Vergewaltigung, mit Classenegoismus, Börsenliberalismus und semitischem Jobberthum. Und durfte denn während des Regimes der Verfassungspartei das Wort „deutsch", das Wort „deutsch-national" laut betont werden?"

Der Abgeordnete Auspitz erwiderte, mit dieser Rede habe Schönerer das Tischtuch zwischen ihm und der Verfassungspartei oder der vereinigten Linken zerschnitten; Schönerer replicirte wieder, an den Tischen, wo Auspitz gesessen sei, hätte er nie gegessen, Auspitz möge daher seine Tischtücher zerschneiden, wie er wolle, ihn kümmere das nicht.

Beachten Sie, meine Herren, daß nicht Alles, was sich verfassungstreu heißt, deutsch oder gar „deutsch-national" sei, möge dieser Name auch als gutes Schlagwort zur Verbergung des eigentlichen Charakters und der wahren Zwecke der Partei vor dem großen Volke gebraucht werden.

Wer der Wahrheit die Ehre geben will, wird nicht leugnen, daß bereits beim deutschen Parteitage im Sofiensaale der Unterschied zwischen der „Verfassungspartei" oder jetzt sogenannten „Vereinigten Linken" und der eigentlichen „deutsch-nationalen" Partei hervorgetreten ist. Ja meine Herren, es ist so, Thatsachen lassen sich eben nicht einfach wegleugnen; wenn auch Jeder, der mit der Verfassungspartei, id est „Verwaltungsrathspartei", geht, sich als „deutsch-national" proclamirt, so muß ich dem entschieden entgegentreten. Es ist nicht wahr, daß die Börsen-, Finanz- und Verwaltungsrathspartei eine „deutsche" Partei sei. (Rufe: Sehr richtig, und lebhafter Beifall.)

Beim letzten deutschen Parteitage hat diese Spaltung sich bereits bei der Vorbesprechung geltend gemacht. Die Jungdeutschen, die eigentlichen „Deutsch-nationalen", haben ihr Programm, welches auch in Druck gelegt wurde, vorgetragen; sie wollten die Annahme desselben im Parteitage durchsetzen; in diesem Programme wird jede Solidarität mit dem Börsenliberalismus entschieden perhorrescirt und werden die Fundamentalprincipien für eine Action der deutschen nationalen Partei in Oesterreich ausgesprochen. Galizien sollte in Cisleithanien eine ähnliche selbstständige Stellung haben, wie Croatien in Ungarn, die übrigen Länder sollen durch ein Zoll- und Handelsbündniß und eine enge Allianz mit dem Deutschen Reiche in eine innigere Beziehung gebracht werden. Das war der Kern des eigentlich deutsch-nationalen Programmes. Die Verfassungspartei aber duldete den Vortrag dieses Programmes auf dem deutschen Parteitage nicht und begnügte sich mit einer verschwommenen vieldeutigen Resolution, in der Jeder finden konnte, was er darin suchte. Trotzdem mußte aber die Verfassungspartei der deutschnationalen das Zugeständniß machen, daß sie ihr Programm gedruckt an alle Mitglieder des Parteitages im Sofiensaale vertheilen durften. Diese deutsch-nationale Partei ist aber nicht die Partei der Herren Auspitz, Ruß, Wolfrum ꝛc. ꝛc., diesen Unterschied zwischen Verwaltungsrathspartei und deutsch-nationalen Partei kennt jeder Politiker in Oesterreich, und meine Herren Gegner kennen ihn auch; was wollen Sie nun von mir, Sie können nur haben wollen, daß ich entweder mit der Verwaltungsrathspartei oder mit der deutsch-nationalen Partei gehen solle. Ich glaube von meinen Herren Gegnern viel eher das Erste. Also wünschen Sie, daß ich mit der Verwaltungsrathspartei gehe? (Widerspruch.) Oder sind Sie, meine Herren Gegner, Anhänger des deutsch-nationalen Programmes vom Sofiensaale? Dann erklären Sie das offen und rückhaltslos hier; ich frage nochmals, sind Sie Anhänger dieses Programmes? (Keine Antwort.) Sie werden gewiß sagen: „Nein". (Eine Stimme ruft: „Ja." Ironisches Gelächter: „Eine Stimme.")

Mit jener Partei, welche die Verwaltungsrathspartei heißt, und die zum großen Theile aus Männern oder Schleppträgern jener Männer sich recrutirt, welche direct oder indirect zur Zeit der Ministerien Herbst, Giskra und Lasser an Börsenschwindel und an ihre Mitbürger ausbeutenden Gründungen betheiliget waren, die insbesonders an jenen Eisenbahngründungen freilich zu ihrem finanziellen Vortheile betheiliget waren, welche jährlich mit mehr als 20 Millionen Gulden in Subventionen unser Staatsbudget belasten, mit jenen Leuten, welche die

Staatsvorschußcassen gegründet haben, welche das Dificit unserer Spar=
cassen verschuldet haben, indem diese veranlaßt wurden, Chabruspapiere
zu belehnen, die bald darauf ganz werthlos wurden, so daß diese Spar=
cassen, welche ihren Schuldnern 6 Percent abnehmen, den Einlegern
nur 3 oder 4 Percent Interessen zahlen können, um diese Verluste
wieder hereinzubringen, mit einer Partei, welche die Sparcassen, also
Wohlthätigkeitsanstalten für das ganze Volk, so ausbeutet, daß diese
gezwungen sind, von dem creditbedürftigen Haus= oder Grundbesitzer
statt $4\frac{1}{2}$ — 5 Percent Zinsen 6 Percent Zinsen zu nehmen, und den
kleinsten Dienstboten aber dabei um jene Zinsen bringt, die einem so
hoch verzinsten Darlehen entsprechen (minutenlanger, stürmischer Beifall
und Händeklatschen), mit einer solchen Partei geht ein Kronawetter nie
und nimmer! (Begeisterter, nicht endenwollender Beifallssturm.) Ich
sage Ihnen das übrigens, meine Herren Wähler, nicht heute zum ersten
Male, ich habe Ihnen das klar und bündig bereits bei der letzten
Wählerversammlung im October 1880 erklärt, und waren die Herren
Wähler mit dieser meiner Haltung nicht einverstanden, so hatten sie seit=
dem Zeit und Gelegenheit genug, mir das zu sagen und einen Mann
zu wählen, der ihr Wohl dadurch fördert, daß er mithilft, die alte
Schwindelwirthschaft wieder auf's Neue zu inauguriren.

Ich bin immer consequent geblieben und habe immer so gesprochen,
wie ich jetzt spreche; ich habe bereits am Parteitage zu Mödling im
Sommer 1880 in diesem Sinne gesprochen, und später zu Ihnen, meine
Herren, im October desselben Jahres. Ich habe es bedauert, daß es
jener Coterie, welche das Jobberthum repräsentirt, daß es der Börsen=
und Actienpartei gelungen ist, unter der Firma des „Namens der
deutschen Nation", wie Schönerer ganz richtig gesagt hat, neuerdings
die Führung jener Partei an sich zu reißen, die sich die liberale nennt.
Alles, was je mit Actien und Börse irgendwie in Verbindung war,
muß unbedingt zurücktreten, am allerwenigsten aber sich zur Führer=
schaft der wirklich freisinnigen Deutschen vordrängen.

Allein gerade diese Herren benutzten in schlauer Weise die Situation;
sie sagten: nur jetzt keine Differenzen, jetzt ist keine Zeit zum Hader in
der Partei selbst; wir commandiren fort wie früher, denn so erfordert
es das Interesse des deutschen Volkes in Oesterreich. So lautete die
von der Finanzclique ausgegebene Parole, und von welchen sogenannten
Organen der öffentlichen Meinung wurden diese Herren auf's eifrigste
unterstützt? Die Wählerschaft wenigstens in der Residenz ist intelligent
genug, den Werth unserer Journalistik zu kennen und zu wissen; sie
findet die Leute des Börsenjobberthums in ihren publicistischen Organen
wieder. Jede größere Bank ist immer Eigenthümerin mindestens eines
Journals. — Eine Actiengesellschaft hier ist Eigenthümerin von
zwei Journalen, welche beide besonders heftig gegen mich losziehen.
Diese Actiengesellschaft ist die Steyrermühle; natürlich war keines dieser
beiden Journale noch so aufrichtig, auf dem Blatte zu bemerken:

"Eigenthum der Steyrermühle"; man will ja vor dem Publicum unabhängig erscheinen, und wer Beamter einer Gesellschaft ist, kann doch von dieser Gesellschaft nicht unabhängig sein. Eines dieser Journale zeichnet sich dadurch aus, daß es auf der ersten Seite für Freiheit und Deutschthum begeistert plaidirt, in der Mitte, dem kleinen Capitalisten, die Papiere verschiedener Banken zur möglichst rentablen Capitalsanlage empfiehlt, und am Schlusse jungen, wohlerhaltenen Witwen willkommene Gelegenheit bietet, sich vermögenden, wenn auch älteren Herren, zu ehrbaren Bekanntschaften zu offeriren. (Schallendes Gelächter.) Dieses Blatt hatte die Stirne, einen Artikel zu bringen, welcher in fetten Lettern die Ueberschrift trug „Hofrath Kronawetter." (Große Heiterkeit und Rufe der Entrüstung.) Meine Herren, ist eine solche Form des Kampfes mit einem politischen Gegner anständig? (Lebhafter Beifall. Rufe: „Zur Sache!" Erneuerter Applaus. Rufe: „Das gehört nicht hieher!") Ja, meine Herren, das gehört hieher, denn es wurde mir damit vor aller Welt vorgeworfen, daß ich meine Stellung als Abgeordneter zur Erlangung privater Vortheile mißbrauche, ich wurde damit vor meiner Wählerschaft in unwürdiger und unanständiger Weise verdächtigt. Vielleicht fünfzig meiner Wähler sind zu mir gekommen, und haben mir zugerufen: „Aber Kronawetter, so etwas hätten wir nicht geglaubt, auch Sie sind jetzt Hofrath, wir gehen zu keiner Wahl mehr, jetzt hat der auch schon eine Hofrathsstelle angenommen!" (Lebhafte Heiterkeit.) Mit solchen Artikeln, die man mit vollem Bewußtsein ihrer Unwahrheit schreibt, bringt man zum Mindesten momentan eine Verwirrung unter der Wählerschaft hervor. Der Artikel wurde in der Absicht geschrieben, mich vor meiner Wählerschaft zu verdächtigen, und diese Absicht wurde auch wenigstens theilweise erreicht. Am nächsten Tage bemerkte man dann allerdings im Abendblatte ganz versteckt in einem Winkel: „Mit der Hofrathsstelle des Dr. Kronawetter ist es nichts, wir haben uns nur einen Scherz erlaubt." Diese Notiz war, wie gesagt, nicht mit fetten Lettern gedruckt, wie das „Hofrath Kronawetter" — Tags vorher, sondern stand, wie gesagt, in kleiner Schrift in einem verborgenen Winkel des Blattes an einer Stelle, von der man es erwarten konnte, daß sie dort kaum vom zehnten Theile der Leser des Blattes bemerkt wird. Das, meine Herren, nennt man einen offenen, ehrlichen, loyalen Kampf; ja, meine Herren, die Journale verstehen ihr Handwerk. (Heiterkeit.)

Alle Provinzjournale, welche dieser Partei angehören, reproducirten sofort diese Nachricht und schrieben, Dr. Kronawetter ist Hofrath geworden, waren aber meist so unanständig, nicht einmal die Rectificirung, welche ihre Originalquelle brachte, gleichfalls abzudrucken. Sie wissen, meine Herren, wer die Leute sind, die Jeden, nicht blos mich verfolgen, Jeden, der dem Börsenschwindel gegenüber die Interessen der Bevölkerung wahrzunehmen bemüht ist, Sie sehen auch, meine Herren, mit welchen Mitteln diese Leute kämpfen. Jeder, der diesen Kampf kämpft, ist ein „nicht deutscher Mann", ein „geschlechtsloser Kosmopolit" u. s. w. Aber auch Kosmopolit darf man bei diesen Herren sein, wo es ihnen paßt zur rechten Zeit und am rechten Orte, das heißt dann, wenn die Judenemancipation zu vertheidigen ist. In diesem Falle, meine Herren, müssen alle Abgeordneten Kosmopoliten sein, da ist Jeder der Vehme dieser Herren verfallen, der nicht das Weltbürgerthum über die Nationalität stellt. Beim Handelsvertrage mit Rumänien z. B. wollte man die kosmopolitischen Grundsätze zu Gunsten der rumänischen Juden in's Feld führen und Journale und Abgeordnete verwendeten alle Mühe, daß Oesterreich in dem mit Rumänien abzuschließenden Vertrage Bestimmungen zu Gunsten der Juden aufnehme, obwohl ich glaube, daß es für die Handelsinteressen Oesterreichs in Rumänien ziemlich gleichgiltig ist, was die Rumänen mit ihren Juden machen. Obwohl z. B. die Frage, ob die Juden in Rumänien Grund und Boden erwerben dürfen, von sehr secundärer Bedeutung für unsere Handelsbeziehungen mit diesem Lande ist, erklärte man hier, diese Einschränkung der Juden in Rumänien sei eine Schande für unser Jahrhundert, eine evidente Verhöhnung der Menschenrechte, welche die Gleichberechtigung aller Menschen ohne Rücksicht auf Race und Confession fordern u. s. w. Wo es sich also um die Bekämpfung des Antisemitismus handelt, aber nur da, da allein darf, ja muß man ein Kosmopolit sein, um den Beifall dieser Herren zu verdienen. (Gelächter.)

Weil ich schon des Antisemitismus erwähnt habe, will ich auch mit kurzen Worten meinen Standpunkt in dieser Frage kennzeichnen. Ich habe mich bis jetzt vollkommen neutral in diesem Streite verhalten, weil, wenn ich meine Anschauung ausgesprochen hätte, man gleich gesagt hätte: „Aha, er sucht die Unterstützung der Journalisten, er sieht ein, daß man nicht gegen den Strom schwimmen kann, er will nicht mehr haben, daß sie über ihn schimpfen." Aber, meine Herren, solche Rücksichten bestimmen mich in meinem Urtheile nicht, ich kann vermöge meiner demokratischen Grundsätze für keine besonderen Judengesetze eintreten; ich denke, die Judenfrage muß auf eine ganz andere Weise gelöst werden, ich würde jene Bestimmung unseres bürgerlichen Gesetzbuches aufheben, welche die Ehe zwischen Nichtchristen und Christen verbietet. Ich glaube, so allein könnte die Judenfrage praktisch und in vollkommener Uebereinstimmung mit den Grundsätzen der Demokratie gelöst werden. (Lebhafter Beifall.)

Ich will nun meine Ansicht über die Nationalitätenfrage Ihnen, meine Herren Wähler, offen und rückhaltslos darlegen; Sie werden darin die Erklärung meines Verhaltens gegenüber den verschiedenen nationalen Aspirationen, wie ich glaube, zur Genüge finden.

Ich bin von Geburt ein Wiener, bin aus meiner Vaterstadt nie herausgekommen, bin hier geboren und erzogen und einer durch und durch deutschen Familie entsprossen. Anhänglichkeit, Liebe, Treue bringt Jedermann vorzugsweise denjenigen unter seinen Mitbürgern, mit denen er durch Stammesangehörigkeit, Sprache, Sitte, durch den gleichen

Grad der Bildung, überhaupt durch gleiche Schicksale, durch gleiche Lebensbedingungen verbunden ist. Darauf beruht das innige zarte Band, mit welchem die gleichen Religionsgenossen miteinander verknüpft sind, darauf beruht die gegenseitige treue Liebe und Anhänglichkeit der gleichen Stammesgenossen zu einander. So sehr aber auch Jeder dieses Band der Treue und Liebe, welches die gleichen Religions- oder Stammesgenossen aneinander bindet, hochhält und verehrt, so darf doch kein Mensch, der im Wechsel des Zeitlichen nach dem allein Unveränderlichen und unbedingt Werthhabenden forscht, vergessen, daß wie in den Hunderten von verschiedenen Religionsgenossenschaften, nicht die einzelne Confession, sondern nur „die Religion", so in all' den Hunderten von verschiedenen Nationalitäten nur „der Mensch" allein das ewig Gleiche, und daher das unbedingt Werthhabende sei. Das an sich Ideale tritt nur in den concreten Gebilden, aber in jedem einzelnen concreten Gebilde immer nur unvollkommen in die Erscheinung. Nicht die beschränkte Form dieser Erscheinung, das Gleichbleibende im Wandel allein ist es, was absoluten Werth hat.

Von diesem Gesichtspunkte aus beurtheile ich auch die Nationalitäten und den Werth dessen, um was im Kampfe der verschiedenen Nationalitäten mit einander gestritten wird.

Meine Gegner beschuldigen mich gar der Feindschaft gegen die deutsche Nation, der ich ja doch als Glied durch meine Geburt angehöre. Ich habe diesen Vorwurf durch nichts verdient. Mitzuwirken in Allem und Jedem, was zur Hebung, Kräftigung, zum Blühen und Gedeihen des deutschen Stammes in und außer dem Reichsrathe unternommen wurde, hielt ich immer für eine unabweisliche Pflicht gegen meine Stammesgenossen; allein ich habe darüber das gleiche Recht jeder anderen Nationalität auf die gleiche Entwicklung ihres Stammes anzuerkennen niemals mich gescheut, und dieses letztere, diese gleiche Berechtigung, die ich jedem Anderen mit mir gönne, zugestehe, und nach demokratischen, ja einfach logischen Grundsätzen zugestehen muß, die sollte ich verleugnen; ich sollte meinen österreichischen Mitbürgern, die anderen Stammes und anderer Sprache sind, das nicht als ihr Recht zugestehen, was ich für meinen Stamm, für meine Sprache als Recht beanspruche. Somit konnte ich der extrem deutsch-nationalen Partei nicht folgen, denn ich anerkenne das gleiche Recht eines jeden Volksstammes auf seine Entwicklung. Deshalb aber bin ich doch für die Forderungen des deutschen Volkes bei jeder Gelegenheit eingestanden. Nie und nirgends habe ich durch irgend ein Wort, durch eine Schrift, durch eine Abstimmung oder durch irgend eine Handlung, sei es im Parlamente, sei es in einem Vereine, einer Versammlung oder sonst irgendwo gegen deutsche Ideen und ihre Verbreitung oder gegen die friedlichen Bestrebungen des deutschen Stammes seiner Nationalität die möglichste Geltung und Verbreitung zu verschaffen, auch nur das Unbedeutendste unternommen oder gethan. (Widerspruch. Lebhafte Zustimmung und Beifall.)

Wir leben aber in einem Staate, in dem nicht blos lauter deutsche Stammesgenossen wohnen; es ist das eine Thatsache, die von der Natur gegeben wurde, wir Alle müssen mit ihr rechten, wir können sie aber nicht ändern.

Von den 22 Millionen Einwohnern der im Reichsrathe vertretenen Länder sind nur 8—9 Millionen deutschen Stammes. Diese Deutschen sind mit den anderen Nationalitäten durch die geschichtliche Entwicklung eines Jahrtausendes auf's Innigste verbunden. Diese Volksstämme fast und die Länder, welche sie bewohnen, sind durch die geschichtliche Entwicklung Europas zu einem e i n h e i t l i c h e n Ganzen, zu e i n e r Monarchie, zu e i n e m Staate geworden, es existirt e i n Oesterreich, in welchem aber viele verschiedene Volksstämme mit vielen verschiedenen Sprachen leben, und mit dieser Thatsache muß nicht blos jeder österreichische Staatsmann, sondern geradezu jeder Mensch, der in Oesterreich lebt und auch nur ein wenig ausgebreitetes Geschäft hat, z. B. jeder Kleingewerbetreibende, der Lehrlinge aufnimmt, rechnen; diese Thatsache beeinflußt, ich möchte sagen, fast jede Einzelnwirthschaft. Jedermann, der nur einen Dienstboten braucht, spürt sie im engsten Kreise seiner Familie. Es wäre vielleicht besser, zweckmäßiger, und der österreichische Staat wäre gewiß leichter zu regieren und zu verwalten, wenn das nicht der Fall wäre, wenn Oesterreich rücksichtlich seiner Bevölkerung auch ein so homogenes Ganzes wäre, wie Frankreich, Italien oder Deutschland. Es ist das aber nicht der Fall, und was die Natur gesetzt hat, soll und kann der Mensch durch Gewalt nicht ändern. Mit dieser Thatsache müssen wir also rechnen, trotz aller Schwierigkeiten, welche hieraus speciell dem österreichischen Staatswesen entstehen, Schwierigkeiten, die Deutschland, Frankreich oder Italien nicht hat und nicht kennt. Dieser Nothwendigkeit hat sich auch noch keine österreichische Regierung verschlossen. Als das Reichsgesetzblatt gegründet wurde, war z. B. verordnet, daß dasselbe in allen Landessprachen zu erscheinen habe, und daß die Texte all' der verschiedenen Landessprachen gleich authentisch seien. Alle unsere Staatsverfassungen seit 1848, sowie der Kremsierer Verfassungsentwurf enthalten bereits die vom Ministerium Herbst-Giskra in unsere jetzigen Staatsgrundgesetze, Artikel XIX, aufgenommene Bestimmung: „Alle Volksstämme sind gleichberechtigt, jeder Volksstamm hat ein unverletzliches Recht auf Wahrung und Pflege seiner Nationalität und Sprache. Die Gleichberechtigung aller landesüblichen Sprachen in Schule, Amt und öffentlichem Leben wird vom Staate anerkannt. In den Ländern, in welchen mehrere Volksstämme wohnen, sollen die öffentlichen Unterrichtsanstalten derart eingerichtet sein, daß ohne Anwendung eines Zwanges zur Erlernung einer zweiten Landessprache jeder Volksstamm die erforderlichen Mittel zur Ausbildung in seiner Sprache erhält."

Dieses Staatsgrundgesetz haben Deutsche geschaffen, es trägt die Unterschrift der Minister Beust, Taaffe, John, Becke und Hye; es wurde im Reichsrathe beschlossen, als die Deutschen unter Führung

Dr. Herbst's und Dr. Giskra's die Majorität hatten. Man konnte sich eben der Anerkennung nicht verschließen, daß in einem von verschiedenen Nationalitäten bewohnten Staate, deren Angehörige alle in gleicher Weise zur Tragung der Staatskosten herangezogen werden, die alle in gleicher Weise ihre Kinder zum Militär abstellen und die alle in gleicher Weise ihre Steuern und Abgaben für den Staat leisten müssen, auch das gleiche Recht haben, in diesem Staate ihre Sitte, ihre Sprache, kurz ihre Nationalität zu pflegen und zu entwickeln.

Freilich ergeben sich auf allen Gebieten der Verwaltung in einem solchen Staate unendliche Schwierigkeiten, die man aber mit noch so laut tönenden Phrasen nicht löst. Ich kann auf die Details dieser Schwierigkeiten hier nicht eingehen, ich will Einiges davon ganz im Allgemeinen berühren.

Es ist in der Natur der Sache begründet, und kein auch noch so extremer Deutsch-nationaler wird es mir in Abrede stellen, daß im österreichischen Staate den anderen Nationalitäten ein gewisser Einfluß ihrer Sprache, über dessen Grenzen ich jetzt nicht discutiren will, in Amt, Schule, Kirche, Gericht, kurz überhaupt auf allen Gebieten der gesammten öffentlichen Verwaltung eingeräumt werden muß. Es ist das selbstverständlich; das schulpflichtige Kind spricht z. B. nur böhmisch, slovenisch, rumänisch, polnisch u. s. w., es soll nun die Volksschule besuchen. Alle Pädagogen sind darüber einig, daß solchen Kindern mindestens der Unterricht in den ersten Jahren nur in ihrer Muttersprache mit Erfolg ertheilt werden kann. Ich behaupte auf Grund meiner eigenen Erfahrungen, die ich an mir selbst und an meinen Kindern gemacht habe, ganz ohne Rückhalt sogar von dem Unterricht in den Mittelschulen dasselbe. Unter Ihnen, meine Herren Wähler, gibt es gewiß auch viele Familienväter, deren Kinder die Mittelschulen, seien es nun Gymnasien oder Realschulen, besuchen. Die Anforderungen, welch nach dem Lehrplane dieser Schulen an die Kinder gestellt werden, sind keine leichten; die Kinder bewältigen schwer genug die ihnen gestellten Aufgaben, selbst wenn ihnen der Unterricht in der ihnen geläufigsten Muttersprache ertheilt wird, um so schwerer aber muß ihnen das Fortkommen in diesen Schulen werden, wenn sie außer dem schon an sich schwierigen Lehrstoffe auch noch die Schwierigkeiten überwinden sollen, welche ihnen die fremde Unterrichtssprache durch das mangelhafte Verständniß der Lehrervorträge entgegenstellt. Denken Sie sich, meine Herren, ihre Kinder würden an den Mittelschulen nicht in der deutschen, sondern in der französischen Sprache unterrichtet, wie schwer wäre ihnen schon die Bewältigung der fremden Sprache an sich, ganz abgesehen von dem Lehrstoffe.

Nehmen wir ein anderes Gebiet der öffentlichen Verwaltung. Der Mann, der in's Steueramt geht, hat doch das Recht, zu verlangen, daß das Büchel, in welchem ihm vorgeschrieben wird, was er an verschiedenen Steuern sammt Zuschlägen zu zahlen hat, in einer Sprache ausgefertigt wird, die er versteht; er hat doch auch das Recht, von dem Steuerbeamten, wenn er die Vorschreibung für eine irrige hält, in seiner Sprache Aufklärung zu verlangen und um Richtigstellung der ihm vorgeschriebenen Gebühren zu ersuchen. Und so könnte ich das gewiß berechtigte Eingreifen der verschiedenen Nationalitäten auf jedem Gebiete der öffentlichen Verwaltung weiter verfolgen.

Bei all' dem aber muß der Staatsorganismus ein einheitliches Ganzes bleiben. Hieraus ergeben sich mir aber zwei Dinge als unbedingt nothwendig. Alle einzelnen Volksstämme unserer Monarchie dürfen sich nicht allein als solche, sondern sie müssen sich alle zusammen auch als Theile eines einheitlichen großen Ganzen fühlen. Dieser einheitliche Staat aber muß ihnen wieder anders alle und jede Freiheit ihrer besonderen Entwicklung rückhaltslos gewähren, die möglich ist, ohne die Einheit des Staatsganzen zu zerstören; denn nur dann haben diese einzelnen Stämme ein Interesse an dem Bestande des Gesammtstaates; sie müssen wissen, dieser große, einheitliche Staatsorganismus bietet jedem der kleineren Volksstämme eine viel bedeutendere Kraft nationaler Entwicklung, als die Isolirung; sie werden aber dann gerne auch dem einheitlichen Gesammtstaate jene Aspirationen zum Opfer bringen, die sich nun einmal mit dessen Bestande nicht vertragen.

Die von mir angedeutete Aufgabe aber läßt sich meines Ermessens nicht mit so allgemeinen Sätzen lösen, wie sie § 19 des von mir citirten Staatsgrundgesetzes ausspricht. Es muß in Ausführung dieses Staatsgrundgesetzes ein Nationalitätengesetz geschaffen werden, welches genau im Detail die Rechte der einzelnen Nationalitäten auf jedem Gebiete des öffentlichen Lebens, in Schule, Amt, Gericht, Kirche u. s. w. feststellt. Wir in Cisleithanien haben ein solches Nationalitätengesetz leider noch nicht; die Ungarn, die uns in so manchen Dingen voraus sind, erkannten die dringende Nothwendigkeit eines solchen Gesetzes schon vor 14 Jahren, und es enthält solches der 44. Gesetzartikel des Jahres 1868. Dort finden Sie, meine Herren, bis in's kleinste Detail normirt, welcher Sprache man sich auf den verschiedensten Gebieten des öffentlichen Lebens zu bedienen hat, z. B. in den Jurisdictionen, bei Gericht, in den Kirchengemeinden, bei den Kirchenbehörden, in den Unterrichtsanstalten, und zwar sowohl in den Privat=, wie in den öffentlichen Lehranstalten, in den Gemeindeversammlungen u. s. f.

Es ist nothwendig, daß auch bei uns ein solches Gesetz über die Abgrenzung der verschiedenen Competenzen geschaffen werde; nur dann wird endlich Ruhe und Friede zwischen den einzelnen Nationalitäten werden, wenn die Berechtigung der Anwendung jeder einzelnen Sprache auf allen Gebieten des öffentlichen Lebens gesetzlich so detaillirt festgestellt ist, wie in Ungarn. (Widerspruch.)

Ich bitte mich nicht mißzuverstehen, ich meine durchaus nicht, daß unser Gesetz seinem meritorischen Inhalte nach in Allem dem ungarischen Gesetze folgen müsse, ich meine nur, es müsse so eingehend und so bis in's kleinste Detail den Gegenstand behandeln, wie das ungarische. Es wird dort z. B. der ungarischen Sprache ein Vorzug vor den übrigen Sprachen eingeräumt, der nicht gering ist, ein Vorzug, der mir zu weit gehend erscheint. Nicht den meritorischen Inhalt des ungarischen Gesetzes wollte ich discutiren, ich wollte nur, daß die Grenzen des Rechtes für jede Nationalität so eingehend in einem österreichischen Gesetze bestimmt werden, wie es in dem ungarischen geschieht.

Grundprincip eines solchen Gesetzes muß es sein, daß jedem österreichischen Volksstamme ohne Bevorzugung, aber auch ohne jede Benachtheiligung eines andern, jener Grad, jenes Maß nationaler Entwicklung verstattet werde, der möglich ist bei Aufrechthaltung der Einheit des Staates, und da, meine Herren, kann ich mich nie und nimmer der Ueberzeugung entschlagen, je mehr Liebe und Anhänglichkeit die einzelnen Volksstämme an das gemeinsame Ganze bekunden, um so leichter wird es sein, ein solches Nationalitätengesetz zu schaffen; je fremder und abgeschlossener sich aber diese Nationalitäten einander gegenüber stehen, um so schwerer wird es sein, dieses Gesetz zu Stande zu bringen. Alles, was daher geeignet ist, die Nationalitäten miteinander zu versöhnen, und ihre wechselseitigen Interessen in Einklang zu bringen, dient auch zum Wohle, zum Heile, zur Kräftigung des gemeinsamen großen Gesammtstaates, und muß daher, als zum Gemeinwohle aller Staatsbürger dienend, so weit als nur denkbar gefördert werden. (Lange anhaltender Beifall und Händeklatschen.) Dahin wird und muß es in unserem Staate der Natur der Sache gemäß kommen.

Mögen einzelne Parteien, und mögen Sonderinteressen hundertmal Hader suchen und den Zwiespalt nähren, die Macht der Thatsachen wird aus sich selbst heraus, was zum Bestande des Ganzen nothwendig ist, sowie was zum Wohle der Theile frommt, gestalten; ist der Gesammtstaat Oesterreich eine Nothwendigkeit, so müssen und werden alle seine Volksstämme ihm gewähren, was er zu seiner Existenz braucht; all' die übertriebenen nationalen Phrasen werden dieser Nothwendigkeit gegenüber verstummen, mögen sie aus was immer für einem Lager erklingen.

Nehmen wir ein Beispiel. Es ist nothwendig, daß bei allen, ich möchte sagen, internen Actionen der Staatsgewalt die Organe des Staates sich nur einer einzigen Sprache bedienen, in der sie miteinander verkehren. Diese Nothwendigkeit stellte sich ja auch beim Verkehre der Staaten untereinander heraus. Die Sprache der Diplomaten ist heute die französische. Warum? Hat irgend ein Gesetz allen Staaten unseres Planeten den Gebrauch dieser Sprache bei ihrem Verkehre untereinander dictirt? Nein; der Grund liegt in den natürlichen Verhältnissen; als die lateinische Sprache nach und nach außer Curs kam, war die französische Sprache die entwickeltste und für den diplomatischen Verkehr die geeignetste, und darum ist sie die Sprache der Diplomaten.

Etwas ähnliches zeigen die österreichischen Parlamente. Ungarn hat es für nothwendig gehalten, in seinem Nationalitätengesetze festzustellen, „daß die Berathungs= und Verhandlungssprache des ungarischen Reichstages ausschließlich die ungarische sei." Ich würde es durch kein Gesetz verordnen, daß im österreichischen Parlamente nur deutsch gesprochen werden darf; wir haben weder im Jahre 1848 noch bis jetzt ein solches Gesetz gehabt, und vom Jahre 1848 bis heute wurde und wird im österreichischen Parlamente nur deutsch gesprochen; es vergehen 2—3 Jahre, bis einmal ein Abgeordneter, und ich betone das ganz besonders, nie bei Verhandlungen über eine Hauptfrage, sondern immer nur in secundären Fragen eine Rede in einer nicht deutschen Sprache hält, und das geschieht auch, wenigstens so weit ich mich erinnere, nicht von Parlamentariern ersten Ranges, sondern nur von Abgeordneten, ich möchte sagen, zweiter Kategorie. Und auch diese Abgeordneten nehmen das Wort in ihrer nationalen Sprache nur, um durch den zeitweiligen Gebrauch derselben sozusagen die Verjährung zu unterbrechen und das Princip der Gleichberechtigung aller Landessprachen im Parlamente zu wahren. Aber ihr eigenes Interesse zwingt die Abgeordneten der anderen Volksstämme im Parlamente deutsch zu sprechen. So manche Reden, welche im Parlamente deutsch gehalten werden, würden, wenn der Sprecher blos nach Herzensneigung wählen könnte, in einer anderen Sprache erklingen, aber diese Abgeordneten reden deutsch, weil sie es im Interesse der Sache, die sie vertreten, für nothwendig halten, nicht für die vier Wände zu reden, sondern soweit als möglich, sogar über das Parlament hinaus, nicht blos von der österreichischen, sondern sogar von der europäischen Bevölkerung verstanden zu werden.

Da wo das Staatsbedürfniß also die Einheit der Sprache fordert, bestand und besteht eine einheitliche Sprache, und wenn es nothwendig schiene, den Gebrauch einer solchen Sprache gesetzlich zu fixiren, so könnte es nur die deutsche sein, nicht weil sie die deutsche ist, sondern weil sie die weitaus entwickeltste ist, weil sie diejenige ist, welche auch unter allen anderen österreichischen Sprachen am meisten unter den Angehörigen aller anderen Nationalitäten verstanden wird; etwas Anderes ist bei den gegebenen österreichischen Verhältnissen gar nicht denkbar; nie würde es z. B. den Polen einfallen, sich des Czechischen, oder den Czechen, sich etwa des Italienischen als Staatssprache zu bedienen. Soweit die einheitliche Gestaltung des Staates es zuläßt, soweit muß jedem Volksstamme das gleiche Recht für den Gebrauch seiner Sprache gewahrt bleiben; in den allgemeineren und höheren Beziehungen der Staatsverwaltung im Verkehre zwischen den verschiedenen Nationalitäten untereinander wird man sich immer nur einer Sprache bedienen können, und man wird jene gebrauchen, die dazu am geeignetsten ist, auch ohne das durch ein besonderes Gesetz zu decretiren; diese Sprache wird immer die deutsche sein. Die anderen Nationalitäten können das gar nicht ändern, wenn sie es auch wollten, sie können nicht über die Natur der Sache siegen.

Meiner Meinung nach sind gerade dem österreichischen Staate Nationalitätenhetzereien durchaus abträglich und gefährlich; vorgebeugt kann ihnen werden durch ein auf den Principien des Art. XIX der Staatsgrundgesetze aufgebautes Nationalitätengesetz. Aber nicht blos das Reich, nicht blos der Gesammtstaat, sondern speciell Wien ist an einem friedlichen Zusammenleben der verschiedenen Völkerstämme im Gesammtstaate Oesterreich in einer Weise interessirt, wie keine zweite Stadt des großen Reiches.

Wien ist die Haupt= und Residenzstadt, nicht blos von Deutsch=böhmen, sondern von der gesammten Monarchie, welcher alle diese verschiedenen Volksstämme als Glieder angehören. Wenn es an allen anderen Orten gleichgiltig sein kann, wohin sie ihre Steuern zahlen, nur Wienern kann es nicht gleichgiltig sein. Wien kann nur groß sein und sich noch in der Zukunft mächtig entfalten, wenn der österreichische Staat so besteht, wie er jetzt ist. Wenn der Bestand Oesterreichs in seiner jetzigen Größe und in seiner jetzigen Macht für eine Stadt, ich möchte sagen, eine Existenznothwendigkeit ist, so ist es für die Wienerstadt. Was immer den einheitlichen, österreichischen Staat gefährdet, muß nothwendig auch für Wien Verderben bringen. Wenn die Phrase, daß auf dem Boden Wiens einst noch Gras wachsen werde, unter irgend welchen Verhältnissen eine Wahrheit werden könnte, so wäre es dann, wenn Oesterreich, wenn unser Staat nicht mehr seinen gegenwärtigen Bestand hätte. Die Existenz dieses Staates und die Blüthe und die gedeihliche Fortentwicklung Wiens als seiner Hauptstadt sind im unzertrennlichen Zusammenhange. Und mögen alle einzelnen Völkerstämme des großen Reiches sich noch so sehr dagegen sträuben, mögen sie wollen oder nicht, sie m ü s s e n nach Wien, nach der Reichshauptstadt gravitiren. (Beifall und Widerspruch.)

Ich bin gewohnt, was ich spreche, mit Thatsachen zu belegen. Ich glaube, die Herren werden es mir gewiß zugeben, wir Deutsche hätten es, wenn wir es verlangt hätten, nie durchgesetzt, daß die Ungarn ein ständiges Ministerium sammt Personale in Wien oder, wie sie sagen, am königlichen Hoflager haben; und doch haben sie den Bestand dieses Ministeriums in Wien bereits im Jahre 1848 in ihr Verfassungsgesetz aufgenommen. Kein österreichisches Ministerium ist in Pest etablirt, wohl aber ein ungarisches in Wien, ohne Zwang, ohne Einflußnahme von deutscher Seite; vielleicht etwa den Wienern oder dem Deutschthum zuliebe? Gewiß nicht, die Ungarn müssen, wenn auch widerwillig und ohne Gesetz, die Thatsache anerkennen, daß Wien die Capitale des Reiches ist und ihr eigenes Interesse es gebietet, hier ein eigenes Ministerium zu etabliren. Durch ein Gesetz hätten wir Ungarn gewiß hierzu nicht gebracht.

So wurde also Wien nur groß als Centralpunkt für die gesammten Völkerstämme, die gegenwärtig den österreichischen Kaiserstaat bilden; und wenn daher wirklich eine Stadt dieser Monarchie ein vitales

Interesse an der Einigung all' der verschiedenen Nationen an einem friedlichen, gedeihlichen Zusammenleben derselben hat, so ist es meine Vaterstadt Wien.

Das waren die Gedanken, von denen ich ausgegangen bin, von denen ich mich leiten ließ bei Allem, was ich in Betreff der Nationalitätenfrage gesprochen oder gethan habe.

Meine Herren Gegner wissen mir aber noch eine Menge anderer Dinge vorzuwerfen — ich hoffe, sie werden sich die Gelegenheit nicht entgehen lassen, heute vor Ihnen den Wahrheitsbeweis, vor Ihnen, meine Herren Wähler, für all' das anzutreten, was sie bis jetzt nur hinter meinem Rücken und untereinander sich zu sagen getrauten.

Sie werfen mir weiters vor: „Er hat den traurigen Muth gehabt, in der Debatte des Abgeordnetenhauses über die in offener Parlamentssitzung von der Regierungsbank gegen die deutschen Abgeordneten aus Böhmen geschleuderte Beleidigung, sie seien alle Gesetzesübertreter, im Sinne des Antrages der national-clericalen Majorität gegen die deutschen Abgeordneten zu sprechen und zu stimmen. Herr Dr. Kronawetter, der Vertreter eines rein deutschen Bezirkes, hat überhaupt durch seine ganze Haltung im Parlamente und außerhalb desselben in allen Fragen, welche den deutschen Stamm, dessen Cultur- und wissenschaftliche Interessen, seine durch historische Entwicklung und die thatsächlichen Verhältnisse begründete staatsrechtliche Stellung in Oesterreich betreffen, eine der deutschen Nationalität feindselige Haltung bekundet, er bekämpft stets die deutschen Abgeordneten und schließt sich mit besonderer Vorliebe ihren national-clericalen Gegnern an, versucht nur immer, die deutschen Abgeordneten zu verunglimpfen, und sie dem Spotte ihrer Gegner preiszugeben."

Meine Herren Gegner! Geben doch auch Sie der Wahrheit die Ehre!

Ich habe niemals anders gesprochen, als wie ich heute spreche; nie! Weder im Parlamente, noch außerhalb desselben. Ich habe auch aus meiner Anschauung nie ein Hehl gemacht, — am allerwenigsten aber vor meinen Wählern. (Lange anhaltender Beifall.) Nun wird mir hier vorgeworfen, ich hätte die deutschen Abgeordneten verunglimpft. Ich ersuche meine Herren Gegner, die in ihrer Resolution das ausgesprochen haben und dann drucken ließen, mir hier vor der gesammten Wählerschaft die Namen jener deutschen Abgeordneten zu nennen, welche ich verunglimpft habe, sowie die Art und Weise und die Zeit, wann das geschehen ist. Ich ersuche, mir den Beweis hiefür entweder aus den Protokollen des Abgeordnetenhauses, oder durch Zeugen zu erbringen, die solche Verunglimpfungen gehört haben. Citate aus Zeitungen, die man in bekannter Taktik zuerst zur Producirung gewisser Artikel veranlaßt, um sich ihrer dann als willkommener Beweismittel bedienen zu können, die weise ich natürlich zurück. (Lebhafte Heiterkeit und Beifall.) Ich habe nie Personen, ich habe immer nur die schlechte Sache angegriffen, war immer selbstständig in meinem Urtheile, zu dem ich nach mühvoller und reiflicher Erwägung und nach eingehendem Studium der Sache, um welche es sich jeweilig handelte, gekommen bin. Ein „Anschließen" um der Personen willen, seien das nun deutsche Abgeordnete oder national-clericale oder sonst wie immer Namen habende Parteigruppen, war mir immer fremd, und ich werde das in Zukunft auch so halten.

Bekämpft habe ich nicht die deutschen Abgeordneten, sondern die **Gründerclique** was immer für einer Nationalität; bekämpft habe ich auch den kleinlichen Egoismus und die unbegreifliche Kurzsichtigkeit derjenigen deutsch-böhmischen Abgeordneten, welche ihr Provinzial-Interesse oder das Interesse des geschäftlichen Standes, dem sie angehören, bei jeder möglichen und unmöglichen Gelegenheit zum schweren Nachtheile meiner Vaterstadt geltend gemacht haben. (Lebhafter Beifall und Widerspruch.)

Sie haben ja, meine Herren, aus meiner bisherigen Rede ersehen, daß ich nicht mit Phrasen herumwerfe, ich werde auch das, was ich jetzt sagte, mit Thatsachen begründen.

Ich will den Beweis dafür antreten, daß meine liebe Vaterstadt in ihren vitalsten Interessen und bei jedem Anlasse, der sich dazu erbot, gerade von den deutsch-böhmischen Abgeordneten auf das Schwerste geschädigt wurde. Und doch prahlen diese Leute bei jeder Gelegenheit mit ihrem Deutschthum.

Meine Herren! Ein jeder Volksstamm, und sei er noch so klein, sieht auf seine Hauptstadt, thut das Möglichste, was er kann, damit sie gedeihe, und sieht in dem Aufblühen seiner Hauptstadt ein Gedeihen des ganzen Stammes.

Was thut z. B. der magyarische Volksstamm für Pest, was thun die Croaten für Agram u. s. w.! Was thun nun unsere deutsch-böhmischen Abgeordneten für die Hauptstadt des Reiches, was thun sie für Wien? Ich will das ein wenig erörtern.

Sie erinnern sich z. B., meine Herren, daß, so lange Eisenbahngesellschaften in Oesterreich existiren, dieselben den Sitz der Gesellschaft in Wien hatten und hier ihre Steuern zahlten, daher auch die Communalzuschläge hievon in die Wiener Communalcassa flossen. Wem ist es nun auf einmal in den Kopf gestiegen? (Ruf: „Den Polen!") Nein, dem Dr. Herbst! (Großer Beifall.)

Nachdem bereits am 23. März 1862 an's Finanzministerium eine Interpellation gerichtet worden war, wie es komme, daß die Zuschläge zur Reichenberg-Pardubitz-Bahn nicht in Böhmen, sondern in Wien zur Einhebung gelangen, wurde über einen am 10. December 1863 von Dr. Herbst gestellten Antrag vom Abgeordnetenhause ein Ausschuß mit der Aufgabe betraut, einen Gesetzentwurf über die Bemessung, Vorschreibung und Einhebung der Erwerb- und Einkommensteuer von Eisenbahn-Unternehmungen auszuarbeiten. Dieser Ausschuß legte auch dem Hause einen Gesetzentwurf vor, wonach den Ländern, welche von Eisenbahnen durchlaufen werden, das Recht gegeben werden sollte, die Zuschläge zu den von diesen Eisenbahnen gezahlten Staatssteuern einzuheben. Das Gesetz wurde aber vom Herrenhause verworfen. Im Jahre 1865 brachte die Regierung sogar einen solchen Gesetzentwurf ein. Der zur Vorberathung eingesetzte Ausschuß empfahl dem Abgeordnetenhause: jener Gemeinde, in welcher die oberste Geschäftsleitung der Unternehmung ihren Sitz hat, aus Billigkeitsrücksichten ein Präcipuum mit ein Viertel der von den Eisenbahn-Unternehmungen zu entrichtenden Einkommen- und Gewerbesteuer zu bewilligen, den Rest aber nach den Realsteuern auf alle Gemeinden, welche von der betreffenden Bahn durchzogen werden, zu vertheilen. Am 25. März 1865 wurde dieser Gesetzentwurf vom Abgeordnetenhause auch angenommen, vom Herrenhause aber am 12. Mai 1865 verworfen; und zwar war es Cardinal Rauscher, Erzbischof von Wien, dem es damals noch gelang, durch sein Eintreten für die Stadt, diese Vorlage zum Falle zu bringen. Am 24. April 1868 brachte Abgeordneter Loninger die Angelegenheit neuerlich vor das Haus, und es kam endlich ein Gesetz zu Stande, wornach ein Präcipuum für jenes Land bewilligt wurde, in welchem die oberste Geschäftsleitung ihren Sitz hat, jedoch mit einem geringeren Percentsatze dann, wenn die oberste Geschäftsleitung allein im Lande ist; mit einem höheren dann, wenn die Bahn selbst das Land durchzieht.

Im ersteren Falle wurde dieses Präcipuum mit 10 Percent, im letzteren mit 40 Percent der von den Eisenbahnen zu entrichtenden Erwerb- und Einkommensteuern bemessen. Der Rest sollte auf die einzelnen Länder, welche von den Bahnen durchzogen werden, aber nicht nach der Realsteuer der durchzogenen Gemeinden, sondern nach der Bahnlänge geschehen. Die Stadt Wien wurde auf diese Weise um 60 bis 90 Percent der von ihr früher von den Eisenbahnen bezogenen Gemeindezuschläge gebracht und war gezwungen, den Ausfall durch eine Zinskreuzererhöhung zu decken. So hat man zwar Wien empfindlich geschädigt, für die Länder aber, auf die man dasjenige, was Wien abgenommen wurde, vertheilte, war doch wegen der Zersplitterung des Betrages kein Vortheil erwachsen. Ist es nicht kleinlich, wenn deutsche Abgeordnete ihre Hauptstadt so behandeln? Thut das vielleicht irgend ein anderer Volksstamm in Oesterreich mit seiner Hauptstadt.

Ich will Ihnen noch ein zweites Beispiel für die Schädigung Wiens anführen. Ich weiß im Augenblicke nicht, ob sie unmittelbar von den deutsch-böhmischen Abgeordneten veranlaßt wurde, ich konnte in der Eile die Protokolle und Acten nicht mehr nachsehen.

Bei Behandlung des Budgets ist es auf einmal den Abgeordneten eingefallen, einen Beitrag zu beanständen, welchen der Armenfond der Stadt Wien jährlich vom Staate erhielt. Der Rechtstitel hiefür lag

in einem Octroy, welches dem Armenfonde vor Einführung der landes=
fürstlichen Verzehrungssteuer auf verschiedene nach Wien eingebrachte
Gegenstände zustand, und welches Octroy er nach Einführung dieser
Steuer aufgeben mußte. Man hat diesen Beitrag des Aerars zum
Wiener Armenfonde einfach weggestrichen. Aber ich erkläre nochmals,
daß ich im Augenblicke nicht weiß, ob und inwieweit deutsch=böhmische
Abgeordnete an dieser Beschädigung Wiens mitschuldig sind.

Die größte Schädigung aller, vorzüglich aber der ärmsten
Bewohner Wiens, haben jene deutsch=böhmischen Abgeordneten verschuldet,
welche nach langer Anstrengung und nach Vereinbarungen mit Czechen
und Polen endlich die Grenzsperre für russisches und rumänisches Vieh
durchsetzten, deren Wirkung wir in den erhöhten Fleischpreisen bereits
heute verspüren. Ich habe über diese Grenzsperre vor Ihnen, meine
Herren, bereits ausführlich gesprochen. Diese Angelegenheit aber bietet
einen Beweis, wie unsere deutsch=böhmischen Abgeordneten sich recht gut
mit allen anderen Nationalitäten vertragen, wenn es gilt, mit dem
Schaden der ärmsten Bevölkerung Wiens sich selbst Vortheile zu ver=
schaffen. Da verstehen die Deutschböhmen, Proskowetz, Siegl u. s. w.,
recht gut czechisch und die Czechen verstehen deutsch, und Alle mitein=
ander verstehen polnisch. Mir liegt z. B. ein von Christian Grafen Kinsky
unterfertigter Aufruf vor, in welchem alle Landwirthe Oesterreich=Ungarns
auf das Dringendste aufgefordert werden, mit allen ihnen zur Ver=
fügung stehenden Kräften, ohne jede Rücksicht auf Partei=
stellung und Nationalität, Petitionen wegen Einführung der
Grenzsperre an den Reichsrath zu richten. Und bei all' dem, meine
Herren, lassen uns diese Abgeordneten noch heute keine Ruhe. Trotz
ihrer Opposition, die sie so ostentativ dem Ministerium Taaffe entgegen=
bringen, verstehen es diese deutsch=böhmischen Abgeordneten erst jetzt
wieder recht gut, ihren Frieden mit diesem so verhaßten Ministerium zu
schließen, wenn sie dieses Ministerium brauchen, um die Wiener Vieh=
markt=Ordnung in einer Weise zu reformiren, wie es dem Interesse der
Viehmäster convenirt. (Lebhafter Beifall, stürmische Acclamation.)

Aber nicht wir Wiener allein werden von den Deutschböhmen so
behandelt, sie machen es ihren deutschen Mitbrüdern aus den Alpen=
ländern auch nicht anders. Ein Mann, dem auch meine Herren Gegner
nicht abzusprechen wagen werden, daß er ein aufrichtiger, ehrlicher,
gerader, biederer deutscher Mann ist, ein Mann, wie seinesgleichen unser
Parlament nicht gar viele zählt, Baron Walterskirchen (Hochrufe, lange
anhaltender, stürmischer Beifall), beklagt sich in seiner letzten Ansprache
an seine Wähler bitter über die Behandlung, welche die deutsch=böhmischen
Abgeordneten, mit völliger Außerachtlassung einer jeden Opposition
gegen das Ministerium Taaffe, ihren deutschen Mitbrüdern aus den
andern Kronländern dann zu Theil werden lassen, wenn die Bedrückung
der einen zugleich auch den deutsch=böhmischen Oppositionellen
materiellen Vortheil bringt.

Ich habe oft mit diesem Manne verkehrt und gesprochen, wir haben oft unsere Meinungen gegenseitig ausgetauscht, und daß er mir nie vorgeworfen hat, daß ich ein Feind der Deutschen bin, tröstet mich über all' die Vorwürfe, die mir von anderer Seite in dieser Beziehung gemacht wurden, von Leuten, die es nur lieben, Deutsch zu schillern, aus deren Vorwürfen ich aber mir durchaus nichts mache. (Lebhafte Heiterkeit und großer Beifall.)

Ich habe im Jahre 1880 an Sie, meine Herren Wähler, eine Ansprache gehalten, in welcher ich Ihnen offen erklärte, mit den Herren von der Vereinigten Linken nicht gehen zu wollen, insolange sich die Führerschaft dieser Partei nicht ändert.

Herr Baron Walterskirchen war damals mit mir nicht einverstanden, er sagte mir, man solle doch noch einen Versuch machen, es könne ja doch noch aus dieser Partei etwas werden.

Ich erwiderte ihm, ich glaube das nicht.

Er ist dann in den Club eingetreten, allein je länger er dort war, lernte er einsehen, daß er sich in seiner guten Erwartung getäuscht habe. In den letzten Tagen ist er sowohl aus dem Club als aus dem Parlamente ausgetreten; er beklagt sich über die Herren, welche den Ton dort angeben, in der letzten Rede an seine Wählerschaft in folgender Weise:

„Ich führe nur das an als ein Beispiel, um zu zeigen, daß wir nicht so ganz Unrecht haben, über Zurücksetzung zu klagen, und es würde mich nicht in Erstaunen versetzen, wenn in den deutschen Bewohnern der Alpenländer durch die Erfahrungen, die sie über die Art und Weise machten, wie sie von ihren deutschen Brüdern aus Böhmen behandelt werden, allmälig Zweifel darüber aufsteigen, ob denn die deutschen Abgeordneten in Böhmen gegen die dortigen slavischen Bewohner immer gerecht und billig verfahren."

Wenn ich in der Wesenheit meiner Anschauung über nationale Frage mit Männern, wie Walterskirchen, übereinstimme, so glaube ich, daß Jeder von Ihnen, meine Herren, der mit Unbefangenheit und ohne Vorurtheile die thatsächlichen Verhältnisse des österreichischen Staates wie sie sind, leidenschaftslos in Erwägung zieht, meine Meinung wenigstens als eine nicht unbegründete anerkennen wird.

Ist das, frage ich, meine Herren, „deutsch" gehandelt, wenn man es so macht, wie es die Herren aus Deutschböhmen mit Wien gemacht haben, ist es deutsch gehandelt, wenn man auf die Bewohner der Alpenländer jene Steuern aufwälzt, die man mit Hilfe der Regierung, der man Opposition zu machen vorgibt, von sich selber abwälzt?

Sie wissen alle, meine Herren, daß Böhmen es gewesen ist, dessen Grundsteuer durch den neuen von der Regierung vorgeschlagenen Vertheilungsmodus um circa 2,500.000 fl. weniger beträgt welche Summe jetzt auf die Alpenländer überwälzt wird. Böhmen zahlt diese Steuer bereits seit dem Jahre 1861, in welchem Jahre der stabile Cataster dort definitiv im ganzen Lande eingeführt war; der Boden

Böhmens ist fruchtbarer als der der Alpenländer, ich erinnere nur an die ausgedehnte Cultur der Zuckerrübe, und daran, daß böhmischer Zucker in großen Massen nach England exportirt wird und den ganzen inländischen Markt versorgt. Dort gibt es auch große reiche Grundbesitzer und die haben alle diese 2,500.000 fl. per Jahr von sich abgewälzt und den armen deutschen Alpenländern aufgehalst, Länder, in denen fast nichts wächst, wo zumeist nur kleine Waldwirthschaften bestehen und die Leute sich von der Holz- und Erzgewinnung kümmerlich nähren.

Wissen Sie, meine Herren, wem diese Steuer abgenommen wurde und wer jetzt weniger zahlt?

Es existirt ein Buch von Jonak, in welchem eine fleißige Zusammenstellung über den böhmischen Grundbesitz gemacht ist, in welchem insbesonders das Verhältniß des Großgrundbesitzes zum kleinen Grundbesitze dargestellt erscheint.

Das Buch hat zwei Auflagen; in der ersten Auflage vom Jahre 1865 wird angeführt, daß der land- und lehentafliche Besitz in Böhmen ein Areale von 3,057.000 Joch umfasse; in der Auflage vom Jahre 1872 wird dieses Areale bereits mit 3,249.000 Joch angegeben.

Land- und lehentäfliche Besitzungen sind diejenigen, mit welchen in der Patrimonialzeit eine herrschaftliche Jurisdiction verbunden war.

Es ist nun wohl anzunehmen, daß auch nach dem Jahre 1848 solche Güter nicht in die Hände von Bauern gekommen sind, dagegen glaube ich, daß mit diesen 3,219.000 in der Landtafel eingetragenen Jochen der Besitz der böhmischen Großgrundbesitzer nicht erschöpft ist, sondern daß diese Herren noch manches Grundstück besitzen werden, welches im Grundbuche inneliegt.

Von den circa 7,000.000 Joch des böhmischen Grundbesitzes ist daher fast die Hälfte in den Händen weniger Großgrundbesitzer, und diese wenigen Großgrundbesitzer erhalten einen Steuernachlaß von 1,250.000 Gulden.

So wurde also der böhmische Großgrundbesitz, das Object für den Chabrus, von den Steuern entlastet, die dem Kleinbauer der Alpenländer aufgebürdet werden, und dieser Ungerechtigkeit haben jene Leute zugestimmt, ja sie durch ihre Zustimmung erst möglich gemacht, jene Leute, die in den nationalen Streitigkeiten so gerne den Mund voll nehmen mit ihrem „Deutschthum".

War diese Handlungsweise ihren deutschen Stammesgenossen aus den Alpenländern gegenüber auch eine deutsche?

War es deutsch, den Bewohnern der Alpenländer einfach zu sagen, ihr deutschen Brüder zahlt, um was unsere Großgrundbesitzer an Steuern erleichtert werden. (Heiterkeit und lange anhaltender Beifall.)

Durch die Besitzung eines dieser Herren fährt man drei Stunden mit der Eisenbahn, und es gibt einen Großgrundbesitzer, bei dem der Steuernachlaß per Jahr über 30.000 Gulden ausmacht.

Damals, meine Herren, bei Behandlung der Grundsteuer-Vorlage war die lange ersehnte Gelegenheit gekommen, das deutschfeindliche Ministerium Taaffe zu stürzen, man hatte nur sein Deutschthum höher zu bewerthen gebraucht, als den Gewinn von 2,500.000 Gulden für seinen Geldsäckel. (Lebhafter Beifall.)

Die Empörung und Entrüstung unter den Bewohnern der Alpenländer in Tirol, Salzburg und Oberösterreich gegen diese Ueberbürdung mit der Grundsteuer war eine so große, daß die clericalen Abgeordneten dieser Länder, welche bis dahin mit dem Ministerium durch Dick und Dünn gegangen waren, bei der Abstimmung rasch verschwinden mußten, sonst wären sie zu Hause todtgeschlagen worden, denn wenn es mehr zahlen heißt, da ist auch der clericalste Bauer nicht mehr clerical und versteht mit seinen Abgeordneten keinen Spaß, nur weil Herbst mit seinen deutschböhmischen Abgeordneten für die Regierungsvorlage stimmten, war es dem Ministerium möglich, sie im Abgeordnetenhause durchzubringen.

Es soll zwar, wie man mir erzählt, mehrmals an die deutschböhmischen Abgeordneten die Aufforderung gemacht worden sein, auf diese 2,500.000 zu verzichten und das Ministerium Taaffe zu stürzen.

Diese aber wiesen eine jede solche Aufforderung zurück und erklärten, es werde sich ja doch vielleicht eine andere Gelegenheit finden; jetzt, wo es sich um einen Steuernachlaß für Böhmen handelt, müßten sie mit dem Ministerium stimmen.

Dieser Steuernachlaß, meine Herren, der war der Judaslohn, für welchen die deutschböhmischen Abgeordneten den Bestand des Ministeriums Taaffe sicherten. (Minutenlanger Beifall und Händeklatschen.)

So viel, meine Herren, ist diesen Leuten ihr Deutschthum werth, Leuten, welche jeden Anderen verunglimpfen, der seine Nationalität mindestens so hoch hält, wie sie, und nur nicht ungerecht sein will gegen die anderen Völkerstämme, die mit den Deutschen zum selben Staatsverbande gehören.

So ist es meine Herren, die Deutschböhmen sind auch Taaffeaner, wenn es gilt Steuernachlässe zu gewinnen. (Schallende Heiterkeit und Beifall.)

Das, meine Herren, sind die deutschen Abgeordneten, deren Kampf für das Deutschthum ich nicht unterstützt zu haben, gegen die aufgetreten zu sein man mir vorwirft.

Diese Daten der deutschböhmischen Abgeordneten erzählen aber meine Herren Gegner der Wählerschaft nicht. (Rufe: „So ist es.")

Sie erzählen nur, daß der Minister Prazak und der Abgeordnete Ruß und Genossen einmal ein Gezänke gehabt hatten, in welchem die Letzteren dem Prazak vorwarfen, er hätte sie Gesetzesübertreter geheißen und mit diesem Vorwurfe beleidigt.

Das Haus sollte hierüber seine Mißbilligung aussprechen, und ich hätte den deutschen Namen dadurch entehrt und entwürdigt, daß ich erklärte, ich fände in der Aeußerung Prazak's keine Beleidigung dieser Abgeordneten.

Ich will den Wortlaut dessen, was Minister Prazak sagte, vorlesen, Sie werden sehen, er hat ja diese Herren gar nicht einmal Gesetzesübertreter geheißen. (Rufe: „Schluß — Schluß! — dagegen Richtig!" und lebhafter Beifall.) Prazak sagte wörtlich: „Wenn Senatoren in ihrer Toga auf den Markt gehen, dann müssen sie sich gefallen lassen, wie gewöhnliche Menschenkinder angesehen zu werden, und wenn Abgeordnete, welche in ihrer hohen Stellung die Aufgabe haben, Mäßigung insbesonders in politisch erregten Zeiten überall zu verbreiten, wenn diese Abgeordneten selbst zu Uebertretern des Gesetzes werden — ich bitte darüber liegen eben die Urtheile des Gerichtshofes vor — wenn diese Abgeordneten vielleicht in Momenten der Erregung vergessen, daß sie nicht im Abgeordnetenhause sind und ihre Reden nicht mit jener Immunität geschützt werden, wie hier, und wegen dieser erregten Worte die Gerichtshöfe einschreiten, aber nicht eine subjective Verfolgung einleiten, dann können, meine Herren, Sie das Gesetz ändern, aber so lange es besteht, mögen Sie gerade in der Unterlassung der subjectiven Verfolgung die Achtung der Regierung vor der Ueberzeugung jener Herren sehen."

Sie sehen, meine Herren, Prazak hat keine directe Anschuldigung ausgesprochen, er hat nur in der Hypothese gesprochen.

Hierauf ist Abgeordneter Dr. Ruß aufgestanden, erklärte, er und eine Gruppe deutsch-böhmischer Abgeordneter fühlen sich beleidigt, das Haus möge über diese Beleidigung seine Mißbilligung ausdrücken.

Das Haus hatte nicht über deutsch oder czechisch, sondern darüber zu urtheilen, ob die von mir angezogenen Worte des Ministers eine Beleidigung von Abgeordneten enthielten. Ich kann eine Beleidigung nur in dem Vorwurfe einer unehrenhaften Handlung finden, und halte ein sogenanntes politisches Delicte für keine unehrenhafte Handlung, weil sonst Männer, die wegen politischer Delicte zu schweren Strafen verurtheilt wurden, nicht später auf Ministerposten berufen werden könnten.

Uebrigens fanden sich unter den beleidigten Herren auch Namen, die unter den Verwaltungsräthen der Hypothekar-, Credit- und Vorschußbank und des Credit Foncier in Böhmen vorkommen, über welche beiden Institute in der bekannten Broschüre „Lasser, genannt Auersperg" gar merkwürdige Dinge erzählt werden, ohne daß meines Wissens diese Herren hierauf erwiedert hätten.

Wer sich durch diese Publicationen nicht beleidigt fühlte, der brauchte auch den Worten Prazak's gegenüber nicht gar so empfindlich zu sein. (Heiterkeit und Beifall.)

Ich habe über diese Sache auch mit Schönerer und Fürnkranz gesprochen, also mit gewiß echt deutschen Männern, und habe sie gefragt, ob sie den Abgeordneten Ruß und Genossen durch diese Worte Prazak's für beleidigt erachten, und Beide theilten meine Ansicht.

Wir glaubten, in den Worten Prazak's liege nicht der Vorwurf einer unehrenhaften Handlung, und es sei keine Ursache vorhanden, diesen Worten eine solche gehässige Deutung zu geben, am allerwenigsten aber glaubten wir, sei es gerechtfertigt, nachdem man nicht einmal die Grundsteuerfrage zu einer Parteifrage gemacht hatte, diese unbedeutende minime Angelegenheit zu einer solchen zu machen, und in der Abstimmung mit Ja oder Nein den Probirstein für die echte deutsche nationale Gesinnung des Votanten zu finden.

Dieses Urtheil war ein objectives, ruhiges, blos auf die Natur der Sache allein basirtes.

Mit dem Deutschthum hängt diese Angelegenheit gewiß nicht zusammen.

Ich bin mir bei meinem Gewissen und bei meiner Ehre bewußt, jene Grundsätze, die ich im Jahre 1873 vor Ihnen ausgesprochen habe, als Sie mir zum ersten Male ihr Vertrauen entgegenbrachten, nie verleugnet zu haben. Diese Grundsätze waren mein Leitstern in allen meinen Actionen als Deputirter, ich bin nicht um eines Haares Breite davon abgewichen, ich bin der Gleiche, ich bin Derselbe geblieben.

Aber meine Herren Wähler, wenn diese Grundsätze nicht mehr die Ihrigen sind, wenn Sie das heute verdammenswerth finden, weshalb Sie mir in früherer Zeit die Ehre erwiesen haben, Sie als Ihr Abgeordneter zu vertreten, so bitte ich Sie, mir das offen zu sagen.

So wenig ich das Mandat gesucht habe, so wenig werde ich mich Ihnen aufdrängen.

Es ist mir wohl eine große Ehre, wenn ich Ihnen noch ferner als Vertreter dienen kann; wenn meine Herren Wähler mich nicht mehr dazu berufen erachten, so weiß ich, was meine Pflicht ist.

Meine Herren Gegner aber, die mich mit ihrem Vertrauen ja nie beehrt hatten, die haben kein Recht, sich zwischen mich und meine Wähler zu drängen und mir hinter meinem Rücken Vorwürfe zu machen; sie thun das übrigens nicht zum ersten Male; bereits vor längere Zeit fand im politischen Verein "Eintracht", der seinerzeit die Wahl meines Gegencandidaten durchzusetzen sich zur Aufgabe gestellt hatte, eine Versammlung statt, in welcher der Herr Einberufer der Versammlung vom letzten Montag meine öffentliche Thätigkeit kritisirte.

Er vermied es aber sorgfältig, das auf Grund der officiellen Protokolle zu thun, sondern producirte ein Sammelsurium aus Artikeln mir notorisch feindlicher Journale. Er verlas eine Menge roth, blau und grün angestrichener Stellen, und Alles, was dort über Dr. Kronawetter geschimpft wurde, war ihm vollkommen beweisgiltig.

Bei dieser Versammlung ist ein Herr aufgestanden, der sagte, es fordere der gewöhnliche Anstand, einen Menschen, bevor man ihn verurtheilt, auch zu hören, besonders wenn Derjenige, der verurtheilt werden soll, der Abgeordnete des Bezirkes sei; man dürfe nicht als Kläger und

Richter zugleich über einen Abgeordneten urtheilen, dem man Gelegenheit geben kann, sich zu vertheidigen.

Dieser Herr beantragte, die Verhandlung zu vertagen, mich zur nächsten Versammlung einzuladen und den damaligen Referenten und Vorsitzenden der Versammlung vom letzten Montag aufzufordern, mir seine Beschuldigungen in's Gesicht zu sagen.

Jeder unbefangene Mensch wird wohl glauben, dieser Antrag sei auch von meinen politischen Gegnern einstimmig angenommen worden, denn es handelte sich ja darum, das, was ich nicht als Privat, sondern in meiner öffentlichen Stellung als Deputirter, als Vertreter des ganzen Bezirkes that, in vorurtheilsloser Weise zu besprechen; allein das gerade Gegentheil geschah, der Antrag wurde abgelehnt, ich hörte, ein einziger Herr habe dafür gestimmt, den andern Tag publicirten natürlich alle Bankjournale, eine von mehreren hundert Menschen besuchte Versammlung habe dem Dr. Kronawetter einstimmig ihr Mißtrauen votirt.

Ich habe dem damaligen Referenten Herrn Kitschelt, der auch heute an der Spitze meiner Gegner marschirt, in einem Schreiben bekannt gegeben, ich wolle die ganze Affaire in unserem demokratischen Vereine besprechen, halte es aber nicht für anständig, hinter seinem Rücken über ihn zu sprechen, er möge daher in diese Versammlung kommen. Herr Kitschelt antwortete mir, er werde nicht erscheinen, und derselbe Mann wirft mir vor, ich sei mit meinen Wählern nicht im Contact gewesen. (Lebhafte Zustimmung.)

Hat er zu meinen Wählern gehört? (Rufe: Nein.) Habe ich nicht trotzdem mit ihm einen Contact gesucht? (Rufe: Ja.) Hat er auch nur den mindesten Grund, mir solche Vorwürfe zu machen?

Er sagt, ich hätte eine Wählerversammlung einberufen sollen, weil die Journale allerlei über mich geschrieben haben. Meine Herren, was in den Journalen, die im Eigenthum von Banken oder Actiengesellschaften stehen, über mich geschrieben wird, ist mir vollkommen gleichgiltig; ich bin auch nicht in der Lage alle Journale zu lesen, weil ich die Zeit dazu nicht habe, und wenn ich sie hätte, würde ich es erst recht nicht thun, weil ich meine Zeit zu etwas Besserem verwenden muß.

Ich habe auch keine Zeitung dreimal des Tages zur Disposition, in welcher ich auf jeden Angriff immer gleich erwidern könnte, und wollte ich, so oft in einer Zeitung über mich geschimpft wird, immer gleich eine Wählerversammlung einberufen, so würden wir mit lauter Wählerversammlungen gar nicht fertig. (Lebhafte Heiterkeit.)

Hätten aber auch nur einige Herren aus der Wählerschaft ein solches Verlangen an mich gestellt, so hätte ich gewiß diesem Begehren entsprochen.

So viel Aufmerksamkeit hätte man mir schon erweisen können, wenn man eine Wählerversammlung haben will, mich wenigstens mit zwei Zeilen von diesem Verlangen zu verständigen; ich hätte so gewiß

als ich heute hier stehe auch zu jeder andern Zeit der geehrten Wähler=
schaft Rede gestanden.

Mir aber vorwerfen, ich sei mit meinen Wählern nicht im
Contact geblieben, weil ich mit meinem sehr geehrten Herrn Gegen=
candidaten und seinen Anhängern keine Fühlung gesucht habe, das ist
denn doch zu viel. (Lange anhaltender Applaus.)

Freilich, man ist im Kampfe gegen mich mit den Mitteln nicht
wählerisch, man läßt z. B. gestern in den Journalen publiciren, 681
meiner Wähler, nicht Herren von der Gegenpartei, hätten mir vor=
gestern in einer Versammlung beim „grünen Thor" ein Mißtrauens=
votum gegeben; die Veranstalter dieser Versammlung aber sagen selbst
in den gedruckten Einladungen, die sie zu unserer heutigen Zusammen=
kunft besonders unter die Wähler verschickten, es seien nur ihrer 450
Wähler überhaupt gewesen.

Nun, meine Herren, was meine Wähler betrifft, die bedürfen
meiner Gegner nicht, um mir ihre Beschwerde über mich zur Kenntniß
zu bringen, mit ihnen war ich immer in ununterbrochenem Contacte,
ich habe über die Frage, was ein Contact des Deputirten mit seinen
Wählern ist, auch eine ganz andere Anschauung als meine Herren Geg=
ner; nicht jener Abgeordnete ist mit seiner Wählerschaft im Contact,
der alle Jahr einmal eine Versammlung einberuft, sondern der, welcher
stetig und ununterbrochen mit ihnen arbeitet; jene Herren Wähler des
Bezirkes, die einen Contact mit mir suchten, die haben mich auch zu
jeder Zeit gefunden, jene aber, die, wenn ich sie einlade, sich weigern,
mit mir in Berührung zu treten, denen werde ich mich nicht aufdrän=
gen, die haben aber auch kein Recht, mir deshalb Vorwürfe zu machen.

Mit meinen Wählern war ich immer in Contact, ich erkläre es
hier öffentlich als eine Unwahrheit, daß jene Herren Wähler, welche
mir ihre Stimmen gegeben haben, mit mir nicht in ununterbrochenem
Contacte standen. (Lebhafter Beifall.) Ich fordere hier alle diese Herren
zu Zeugen dafür auf, daß ich alle Fragen, für die sie ein Interesse
hatten, mit ihnen eingehend besprochen habe, und nicht blos im demo=
kratischen Vereine, sondern auch sonst in privaten Versammlungen mit
ihnen zusammengekommen bin; sie werden sich Alle recht gut noch z. B.
an jene Besprechungen erinnern, die wir über die neue Gewerbeordnung
gehalten haben; ich habe im Ausschusse des Abgeordnetenhauses steno=
graphirt, und bevor noch in den Journalen Notizen waren, habe ich
ihnen schon mitgetheilt, was dort verhandelt wurde und sie gefragt, ob
sie damit einverstanden seien.

Ich habe halbe Nächte im Verkehre mit meinen Wählern zu=
gebracht und soll von Leuten, die niemals meine Wähler waren, mich
mit so lügenhaften Beschuldigungen überhäufen lassen. (Lebhafter Beifall.)

Meine Herren! Ich habe offen und ehrlich zu Ihnen gesprochen
und auf alle Verdächtigungen und Vorwürfe geantwortet, und zwar

Angesichts meiner Gegner geantwortet, wie es einem redlichen Manne geziemt.

An Ihnen ist es nun, zu entscheiden, ob ich noch ferner werth bin, ihr Vertreter zu sein; ich bin jeden Augenblick bereit, Ihnen Gelegenheit zu geben, einen anderen Mann ihres Vertrauens auf meinen Platz zu berufen.

(Stürmischer Beifall und Händeklatschen.)
